KB172101

청소년 인문학 수업, 웹툰으로 GO!

웹툰만 읽어도
공부가 된다

청소년 인문학 수업, 웹툰으로 GO!

웹툰만 읽어도 공부가 된다

초판 인쇄 · 2023년 11월 5일
초판 발행 · 2023년 11월 15일

지은이 · 이임정, 이윤영, 김은진
펴낸이 · 한봉숙
펴낸곳 · 푸른사상사

주간 · 맹문재 | 편집 · 지순이 | 교정 · 김수란, 노현정 | 마케팅 · 한정규
등록 · 1999년 7월 8일 제2-2876호
주소 · 경기도 파주시 회동길 337-16(서패동 470-6)
대표전화 · 031) 955-9111(2) | 팩스 · 031) 955-9114
이메일 · prun21c@hanmail.net
홈페이지 · http://www.prun21c.com

ⓒ 이임정 · 이윤영 · 김은진, 2023

ISBN 979-11-308-2114-6   03300
값 23,000원

저자와의 합의에 의해 인지는 생략합니다.
이 도서의 전부 또는 일부 내용을 재사용하려면 사전에 저작권자와 푸른사상사의
서면에 의한 동의를 받아야 합니다.
이 도서의 표지 및 본문 디자인에 대한 권한은 푸른사상사에 있습니다.

이 도서는 한국출판문화산업진흥원의 '2023년 우수출판콘텐츠 제작지원' 사업
선정작입니다.

교·양·총·서 20

청소년 인문학 수업, 웹툰으로 GO!

웹툰만 읽어도
공부가 된다

이임정 · 이윤영 · 김은진

2023
우수출판콘텐츠
선정작

PUBLICATION INDUSTRY PROMOTION AGENCY OF KOREA
한국출판문화산업진흥원

푸른사상
PRUNSASANG

웹툰은 소설이나 영화처럼 인간이 겪는 다양한 현실적인 문제를 보여주고 해결하는 방법을 제시하며, 우리 사회에 나타나는 병적 현상을 빠르게 포착하여 반영하는 힘이 있다. 하지만 이미지가 서사를 주도하는 매체의 특성 및 제한적으로 주어지는 분량으로 인해 다소 자극적인 장면이 연출되기도 한다. 그래서 웹툰은 폭력적이고 선정성이 강하다는 오해를 받았고, 청소년에게 교육적이지 않은 매체로 비판받았다. 이러한 시각에 가려져 웹툰만의 교육적인 가능성이 차단되고 있다.

웹툰의 핵심은 현대사회의 질환을 짚어내는 것이다. 후기 자본주의 시대를 살아가는 우리는 자본이 만든 사회구조라는 감옥에 수감되어 있다. 자본이 만든 감옥에 수감된 현대인은 인간성을 잃고 다양한 사회문제를 일으킨다. 웹툰은 이러한 문제를 날카롭게 포착하고 표현하며, 독자들은 웹툰이 보여주는 현대사회의 문제에 공감하며 빠져든다. 웹툰을 오락거리로 치부하며, 주제와 내용에 담긴 사회문제와 그 해결방법에 대한 공감에만 머무르지 말고 성찰로 이어지는 활동이 필요하다. 책을 읽고 난 후 성찰을 이끌어내는 독후 활동으로 인문학적 소양을 기르는 것처럼, 웹툰 또한 다양한 독후 활동을 통해 인문학적 소양을 기를 수 있다.『웹툰만 읽어도 공부가 된다』는 청소년이 웹툰 독서 활동을 통해 성찰할 수 있을 것이라는 생각으로 기획하였다. 웹툰을 핵심 인문학 개념과 연결 지어 설명하고, 인문학의 핵심 개념을 토대로 성찰을 이끄는 독후활동을 설계하였다.

『웹툰만 읽어도 공부가 된다』는 세 가지 목적을 가진다. 첫째, 청소년들은 인문학적 관점에 맞춰 웹툰을 해석한 내용을 읽는다. 이를 통해 웹툰에 나타난 선정적이고 폭력적인 내용이 아니라 우리 삶의 핵심 문제들에 집중하도록 해 바람직한 매체 교육이 이루어질 수 있다. 둘째, 독자는 책에 제시된 인문학적 키워드를 토대로 교과서의 핵심 개념들을 이해할 수 있다. 셋째, 독서 교육 모델을 통해 비판적 사고를 기르고 성찰할 수 있는 인문학 교육을 시도하였다.

1장 '왜 도덕적 주체가 되어야 하는가?'에서는 '개인', '자아정체성', '도덕적 주체'라는 핵심어를 다룬다. 청소년기에 인간은 자신이 하나의 개인적 존재이자 다양한 역할이 부여된 사회적 존재라는 걸 알게 된다. '개인적인 나'가 본능에 따른 욕망을 추구한다면 '사회적 존재로서의 나'는 도덕성을 기반으로 형성된 공동체의 욕망을 추구한다. 두 존재가 추구하는 욕망이 조화를 이룰 때 올바른 자아가 형성되고, 이를 통해 주체적인 삶으로 나아갈 수 있다.

나의 다양한 모습을 알고 조화를 이룰 때 내 삶의 주인이 될 수 있는 것이다.

올바른 자아가 완성한 주체적인 삶은 도덕을 바탕으로 만들어진 것이다. 그리고 도덕을 바탕으로 만들어진 삶은 타인을 위한 것이 아닌 우리의 행복을 위한 것이기도 하다. 인간은 개인과 타인의 조화 속에서 나를 발견하고, 도덕을 추구하는 과정을 통해 행복한 삶을 만든다. 이를 〈연의 편지〉, 〈내일〉, 〈집이 없어〉, 〈중독연구소〉를 통해 확인할 수 있다.

2장 '변화하는 사회에서 무엇을 지켜야 하는가?'에서는 '변화', '사회 공동체', '과학 윤리' 개념을 다룬다. 현대사회는 과학기술의 발달을 거치며 많은 변화를 겪었다. AI는 더이상 SF영화에서나 볼 수 있는 환상이 아니라 실재하는 대상이 되어 우리 삶에 스며들었고, 이로 인해 사회가 크게 변화하기 시작했다. 한편 이러한 과학 기술 발달은 다양한 윤리적 문제를 발생시켰다. 사회가 변화해도 인간은 혼자 살 수 없으며 사회 공동체를 이룬다. 변화하는 사회에서 공동체를 유지하기 위해 어떤 가치를 지켜야 할지, 또 어떤 윤리관을 가져야 할지 고민해봐야 할 시기이다. 이 문제를 〈전자오락수호대〉, 〈인간졸업〉, 〈AI가 세상을 지배한다면〉에서 다룬다.

3장 '문화는 개인에게 어떤 영향을 미치는가?'에서는 '국가', '문화', '개인'의 개념을 다룬다. 국가는 다양한 공동체를 아우르는 큰 단위로, 한 국가 내의 사회 구성원들은 같은 규범, 질서, 법을 공유한다. 하지만 서로 다른 국가의 사람들이 서로 다른 관습대로 행동할 때 갈등이 발생한다. 대표적으로 인종·성별·기타 소수자 문화의 차별을 들 수 있다. 하지만 21세기 지구촌을 잇는 중요한 키워드로 다양성이 등장하면서 차별에 대한 반성과 서로를 이해하려는 노력이 시작되었다. 다른 국가, 다른 문화, 다른 사람을 존중하고 배려하는 정신, 나와 다른 것에 대해 열린 자세로 소통하는 문제를 〈그녀의 심청〉, 〈정년이〉, 〈우리 집에 왜 왔니〉를 통해 고민해 볼 수 있다.

4장 '세계시민으로서 어떻게 살아야 하는가?'에서는 '지속가능한 삶', '삶의 소중함', '세계시민 윤리'의 개념을 다룬다. 세계시민은 그리스 사상가 디오게네스가 처음 사용한 개념으로, 자신은 "인종이나 믿는 신이 달라 걸핏하면 싸우는 도시국가"에 속하지 않고 "세계·우주·자연에서 온 자연인"이라는 주장에서 시작되었다. 디오게네스의 말처럼 세계시민은 개인과 사회, 국가를 넘어 전 지구적 문제에 관심을 가지고 지구촌의 문제를 자신의 문제로 여기며, 이를 해결하기 위해 적극적으로 노력하는 사람을 의미한다. 여기서 말하는 지구촌의 문제란 전쟁과 기아, 지구 곳곳에서 벌어지는 인권침해, 환경파괴가 야기한 자연재해와 같이 지구촌 구성원들의 인간다운 삶을 위협하는 모든 종류의 문제들을 포함하고 있다. 서로 영향을 주고받는 관계인 인간과 자연은 조화롭게 공존해야 하며, 이를 위해 인류는 '환경적으로 건전하고 지속가능한 발전', '지속가능한 삶'을 추구해야 한다. 〈합격시켜주세용〉, 〈문유〉를 통해 지속가능한 삶으로 나아가는 방법에 대해 생각해 볼 수 있다.

이 책에서 다룬 주제와 인문학의 주요 개념은 우리나라 중고등 교육과정과 교과서를 토대로 구조화하였다(이 책에서 다룬 교과 개념은 미래N출판사의 중고등 교과서에서 인용하였다). 교육과정과 교과서를 분석하면서 다시 한 번 우리나라 교과서의 우수성을 확인할 수 있었다.

2023년 가을
이임정, 이윤영, 김은진

차례

● 책머리에   5

01   **왜 도덕적 주체가 되어야 하는가?**   13

연의 편지 조현아   17

내일 라마   35

집이 없어 와난   54

중독연구소 김택기   71

02   **변화하는 사회에서 무엇을 지켜야 하는가?**   97

전자오락수호대 가스파드   101

인간졸업 진자, 정생   121

AI가 세상을 지배한다면 POGO, HOOPA   139

03 **문화는 개인에게 어떤 영향을 미치는가?** 161

정년이 서이레, 나몬 165

그녀의 심청 seri, 비완 185

우리 집에 왜 왔니 이윤희 206

04 **세계시민으로서 어떻게 살아야 하는가?** 227

합격시켜주세용 이온 231

문유 조석 250

01

왜 **도덕적 주체가** 되어야 하는가?

개인, 자아정체성, 도덕적 주체

인간이 동물과 구별되는 이유는 본능보다는 이성을 중요하게 생각하기 때문입니다. 이성은 옳고 그름에 대해서 판단하는 능력으로, 이는 선천적으로 얻은 것이 아니라 더 나은 삶을 만들기 위해 노력하면서 후천적으로 만들어진 결과입니다. 인간이 가진 이성은 사람들과 더불어 살면서 만들어진 공동체의 가치관에 영향을 받아 형성되고, 공동체의 가치관은 옳고 그름에 대한 행동 기준인 도덕에 의해 만들어집니다. 도덕성이 결여되었다는 것은 옳고 그름을 구별하지 못하고, 옳다고 생각하는 행동을 추구하려는 의지가 없다는 것을 뜻합니다. 도덕은 청소년이 자아정체성을 형성할 때 중요한 기준이 됩니다.

청소년기는 가족과 또래, 그리고 사회에 의해 형성된 다양한 모습을 탐구하면서 자기를 확인하는 시기입니다. 그 과정에서 인간은 하나의 개인적 존재이자 다양한 역할이 부여된 사회적 존재라는 걸 알게 됩니다. '개인적인 나'가 본능에 따른 욕망을 추구한다면 '사회적인 나'는 도덕성을 기반으로 형성된 공동체 욕망을 추구합니다. 그리고 '개인적인 나'와 '사회적인 나'가 추구하는 욕망이 조화를 이룰 때 올바른 자아가 형성되고, 이를 통해 주체적인 삶으로 나아가게 됩니다. 나의 다양한 모습을 알고 조화를 이룰 때 내 삶의 주인, 즉 주체적인 삶이 완성됩니다.

올바른 자아가 완성한 주체적인 삶은 도덕을 바탕으로 만들어진 것입니다. 그리고 도덕을 바탕으로 만들어진 삶은 타인을 위한 것이 아닌 우리의 행복을 위한 것이기도 합니다. 인간은 개인과 타인이 조화를 이룬 나를 발견하고, 도덕을 추구하는 과정을 통해 행복한 삶을 만들어갑니다.

연의 편지

조현아 / 네이버웹툰 / 2018 / 전체 이용가

때때로 우리는 무엇이 도덕적인 행동인지 알고 있음에도 실천하지 못합니다. 귀찮고 불편해서, 친구들이 다 그렇게 하니까 같은 이유로 말이죠. 도덕적으로 행동해야 한다고 배우지만, 왜 도덕적으로 행동해야 하는지 궁금했던 적은 없나요? 옳다고 믿는 대로 행동하는 사람들이 세상을 바꾸는 힘을 가지고 있다면 이들은 세상을 어떻게 바꿀 수 있을까요? 연의 편지는 작은 용기로 친구를 변화시키고 스스로 더 나은 사람으로 변화하는 주인공 '소리'의 이야기입니다. 이야기 속 등장인물들의 행동에 대해 비판적으로 생각해 보면서 이야기를 따라가 봅시다.

교과서 속 인문학 콘셉트

도덕 교과서에서는 '사람다운 사람'을 도덕성을 갖추고 있어서 도덕적으로 생각하고 판단하는 사람이라 정의합니다. 도덕성은 사람의 가장 중요한 특성이라고 할 수 있죠. 그렇다면 사람의 행동에 대해 도덕적인 옳고 그름을 판단하는 방법은 무엇일까요? 바로 도덕원리와 사실 판단을 근거로 내리는 도덕 판단입니다. 우리는 비판적 사고를 통해 무엇이 도덕적 행동인지 판단하고 도덕적 행동을 실천하죠. 굳이 생각하지 않아도 도덕적 문제상황에서 도덕적으로 반응하기도 합니다. 이는 우리가 살아가면서 무의식적으로 익힌 도덕적 상상력과 도덕적 민감성 때문이에요. 도덕적 문제를 인식하게 하고 상대의 처지를 이해할 수 있게 하는 도덕적 민감성과 도덕적 상상력은 집에서, 친구들 사이에서, 학교와 사회에서 길러진 양심의 결과입니다. 이렇듯 우리는 주변을 통해 도덕적으로 옳은 것과 그른 것을 구별할 수 있는 능력을 배우고 기를 수 있습니다. 이것이 사회 교과서에서 말하는 '사회화'입니다. 인간은 이와 같은 사회화 단계를 거치며 성숙한 자아를 형성해 나갑니다.

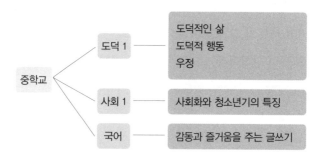

먼저 알아둬야 할 개념들

도덕적 성찰의 준거

도덕적 성찰을 할 때 성찰의 근거와 기준으로 삼는 것을 도덕적 성찰의 준거라 한다. 양심, 보편적 도덕 원리, 도덕적 인물 등을 성찰의 준거로 삼아 도덕적으로 옳고 그른 것을 판단할 수 있다.

도덕적 사고와 도덕적 행동

도덕적 사고란 도덕적 갈등 상황에서 올바르게 판단하기 위해 신중히 생각하는 것을 말한다. 그러나 도덕적 사고가 곧 도덕적 행동으로 이어지지는 않는다. 이기심과 편의주의, 무관심, 용기 부족 등의 이유가 도덕적 행동의 장애물이 될 수 있다.

도덕적 민감성과 도덕적 상상력

도덕적 민감성이란 어떤 상황을 도덕적으로 민감하게 느끼고 도덕적으로 반응하는 마음을 뜻한다. 도덕적 상상력은 도덕적 문제 상황에서 최선의 도덕적 행동을 하기 위해 상대방의 상황을 헤아리고 행동의 결과를 예측하는 능력을 의미한다. 도덕적 민감성과 도덕적 상상력은 도덕적으로 바람직한 행동이 무엇인지 더욱 사려 깊게 생각할 수 있도록 만든다.

학습 목표

1 또래집단에서의 사회화를 통한 자아 형성에 대해 이해할 수 있다.

2 비판적 사고를 통해 도덕적 행동에 대한 도덕 판단을 내릴 수 있다.

3 경험에 대한 글쓰기를 통해 자기 자신을 돌아보고 성찰할 수 있다.

도덕도 사는 데 도움이 되나요?

롤러코스터를 탈 때나 수업 시간에 발표할 때, 처음 보는 친구에게 말을 걸 때 내가 조금만 더 용감했더라면 하고 생각해본 적이 있나요? 새로운 일을 시작할 땐 항상 용기가 필요합니다. 가끔은 학교에 갈 때에도 용기가 필요하죠. 많은 사람이 용기에 큰 가치를 매깁니다. 디즈니 영화나 웹툰 속 용감한 주인공을 좋아하면서 이들이 용감하지 못한 모습을 보이면 답답해하기도 하고요.

하지만 정말 용기가 필요한 상황에 용기를 내는 건 생각보다 어려운 일입니다. 겁이 나서 도망치고 후회한 경험도 누구에게나 있을 거예요. 용기를 내도 달라지는 게 없다고 느껴질 때도 있습니다. 사람들은 왜 스스로 용기를 내기 힘들어하면서도 용기를 중요한 가치라 이야기할까요? 그건 아마 동화에서 보여주는 환상처럼 용기에 세상을 바꾸는 힘이 있다고 믿기 때문일 겁니다. 모두가 중요하다고 말하는 사랑과 용기가 정말 세상을 바꿀 수 있을까요?

자, 그럼 이제부터 〈연의 편지〉가 안내하는 곳을 따라가봅시다. 〈연의 편지〉는 작은 용기가 가져온 커다란 희망에 관한 이야기입니다.

인연의 편지

이야기는 주인공 '소리'의 전학으로부터 시작됩니다. 원래 살던 곳을 떠나 할머니 댁에서 사립 중학교에 다니던 소리는 같은 반 친구가 당하는 학교 폭력에 반대하는 목소리를 냈다가 함께 따돌림을 당하고 맙니다. 괴로운 학교생활을 지속하던 소리는 방학이 끝나갈 즈음 함께 따돌림 당하던 친구 '지민'의 전학 소식을 듣게 되죠. 새로운 곳에서도 잘 지내라고 말하면서 소리는 생각합니다. '그럼 나는?' 불의에 대항한 최초의 용기는 소리의 마음에 상처만을 남겼습니다. 따돌림을 견딜 수 없던 소리도 할머니 댁을 떠나 아빠가 계신 곳에서 학교에 다니기로 합니다.

새 학교에 다니게 된 소리는 낯선 친구들이 무섭기만 합니다. 예전처럼 반 친구들이 나를 비웃고 괴롭힐까 봐 무서워서 자기 소개조차 할 수 없었어요. 친구들과 어떤 말도 나누지 못하게 된 소리는 자연스럽게 혼자가 됩니다. 소리는 생각합니다. '어디서부터 잘못된 걸까?', '전학 오면 다 괜찮아질 줄 알았는데.', '내가 도망쳐서 그런 걸까?'

그런 소리에게 손을 내밀어준 건 누군가 책상 밑에 붙여놓은 편지 한 통이었습니다. 편지에는 도서관, 체육 수업, 등하교할 때 가장 빠른 길을 그려둔 학교 지도, 반 친구들의 얼굴과 이름이 있는 카드, 수학 선생님의 코골이 소리를 녹음해 만든 믹스테이프와 선생님들의 특징을 소개하는 카드들이 들어 있습니다. 이렇게 첫 번째 편지는 친절한 안내자가 되어 소리가 낯선 세상에 첫발을 내디딜 수 있도록 도와줍니다. 이

《연의 편지》/ 이현 글 / 오윤화 그림 / 창비

름을 몰랐을 때에는 검게만 보였던 친구들의 얼굴도 더는 검게 보이지 않죠. 새 학교가 낯설고 두려워 고개 숙인 채 발끝만 바라보던 소리는 두려움을 한 꺼풀 벗겨내고 발밑을 넘어 주변을 볼 수 있게 됩니다. 이제 소리는 두 번째 편지를 찾기 위해 교실을 나섭니다.

두 번째 편지는 도서관에 있습니다. 편지가 꽂혀 있던 책의 대출 카드를 통해 편지를 보낸 사람의 이름이 호연이라는 것을 알았지만, 호연이라는 친구는 학교 어디에도 없었어요. 자신이 전학 오기 전 다른 곳으로 이미 전학을 가버렸다는 호연 대신, 편지가 안내하는 곳을 따라다니던 소리는 새 친구를 만나게 됩니다. 말도 없이 전학 가버린 호연이에게 화가 난 동순을요.

호연의 편지

호연과 동순의 첫 만남은 반딧불의 안내로 이루어집니다. 학교 식물원에 불을 지른 승규의 얼굴에 주먹질하고 두 배로 돌려받은 동순이가 어두운 숲속에 혼자 숨어 있을 때, 반딧불의 도움을 받아 동순을 찾으러 온 것이 호연이었죠. 울지 못하고 웅크려 있던 동순에게 김순이 기사님의 약밥으로 눈물을 흘려보낼 수 있게 해준 호연. 동순은 수수께끼 같은 마법을 쓰는 호연과 친구가 됩니다.

잘못된 행동을 하는 친구의 잘못을 묵인해주는 게 우정인 줄 알았던 동순은 호연과 친구가 되면서 진정한 우정을 알아갑니다. 사실 동순도 학교에서 담배를 피우고, 거짓말을 서슴지 않는 승규의 행동이 잘못됐다는 걸 알고 있었을 거예요. 친구 사이가 멀어질까 봐, 내가 불이익을 당할까 봐 말하지 못하고 있었을 뿐입니다. 그렇지만 반복된 묵인은 동순의 마음을 불편하게 만들기만 했습니다. 잘못을 바로잡기 위해 승규의 행동에 반기를 들고 나서야 비로소 동순은 진정한 친구를 만나게 됩니다.

호연의 편지라는 연결고리를 통해 친구가 된 소리와 동순은 함께 편지를 찾아 나섭니다. 편지는 인공 연못의 돌 밑에서 푹 젖은 채 둘을 기다리고 있기도 하고, 안 쓰는 소각장의 잿더미 속에 숨죽인 채 파묻혀 있기도 합니다. 젖어서 글자를 알아볼 수 없던 편지는 김순이 기사님의 마법으로 읽을 수 있게 되었지만, 소각장의 편지는 승규가 훔쳐내 몰래 숨겨놓은 중간고사 시험지와 바뀌고 맙니다.

승규는 시험지를 돌려주면 편지를 무사히 돌려주겠다고 말하지만, 소리는 고민에 빠집니다. 옳은 일을 하기 위해 나섰다가 피해를 본 경험이 있으니까요. 승규의 도둑질을 묵인하고 편지를 돌려받는 것이 맞는 건지, 편지를 포기하고 승규의 부정행위를 신고하는 게 맞는 건지 고민하던 소리는 편지를 돌려받기로 마음먹습니다. '옳다고 생각한 행동이 상황을 더 악화시키기만 한다면 그건 처음부터 옳은 행동이 아니었을지도 모른다'고 생각했기 때문이죠. 승규를 신고했다가 편지를 돌려받지 못한다면? 호연의 다음 편지는 찾을 수 없을 테고, 동순은 사라져버린 호연의 흔적을 더 이상 좇을 수 없을 겁니다. 겁이 난 소리는 옳은 일을 위해 용기 내기를 포기하게 됩니다.

지민의 편지

그런 소리의 앞으로 지민의 편지가 도착합니다. 편지 속 지민은 전학 간 학교에서 잘 지내고 있습니다. 새 친구를 사귀었고, 친구들과 밥을 먹고 등하교를 함께 하는 평범한 생활을 하고 있죠. 좋은 친구들 사이에서 그럭저럭 적응하며 지내고 있지만, 그곳에도 괴롭힘은 있었다고 지민은 이야기합니다. 괴롭힘을 당한 경험이 있는 지민은 자신을 향한 말이 아닌데도 그 상황이 너무나 무섭고, 남을 해치는 말들은 '마치 내 등 뒤에서 말하는 것처럼 가깝게' 느껴집니다.

그 순간 지민은 소리에게 고마워집니다. 자신과 상관없는 사람이 괴롭힘 당하는 상황에서 목소리를 내는 일이 얼마나 어려운 일인지 알게 되었으니까요. 소리의 용기를 기억한 지민은 소리가 그랬던 것처럼 소리 내 말합니다. "그만해."라고요.

부당한 상황에 목소리를 낸 지민은 소리처럼 따돌림당할 수도 있었습니다. 나쁜 경험은 사람을 움츠러들게 만들죠. 따돌림 당한 경험이 있던 지민은 다른 사람들보다 소리를 내기 더 어려웠을 거예요. 다른 친구들이 그랬듯 그 상황에서 침묵하더라도 지민을 비난할 사람은 아무도 없었을 겁니다. 하지만 지민의 용기는 상황을 변화시킵니다. 옳은 소리에 동조해주는 친구들이 있었기 때문입니다. 용기 내지 않았더라면 모두가 침묵했겠지만, 용기 내 잘못된 걸 잘못됐다고 얘기함으로써 지민은 친구들의 동조와 지지를 얻게 됩니다. 어쩌면 모두 누군가 먼저 그만두라고 말해주길 기다렸던 것일지도 모르죠.

편지에 적힌 지민의 이야기는 소리에 대한 고마움으로 끝을 맺습니다. "내가 다른 사람의 부당한 일에 나서서 그만하라고 할 수 있었던 건 모두 네 덕분이야. 네가 나에게 그렇게 해주었기 때문에, 나도 다른 사람에게 할 수 있었어." 지민은 소리의 고민이 얼마나 어려운 것인지 이해해주고, 소리의 결정이 틀리지 않았다는 것을 증명해주는 사람입니다. 소리의 용기가 지민의 용기를 만들었으니까요. 지민의 편지에 적힌 '고마워'라는 말에 소리는 눈물을 터트립니다. 옳은 일과 상처 받지 않는 일 사이에서 고민하면서도 죄책감을 느끼고 있던 소리에게 '고맙다'는 말은 너무나도 큰 지지와 연대의 표현이었을 거예요.

다시, 연의 편지

소리와 동순은 편지를 돌려받는 대신 승규의 부정행위를 선생님께 알리는 것을 선택합니다. 승규는 퇴학 처분을 받고, 승규에 의해 호연의 편지는 소각장에서 불태워지는데요. 다음 편지를 찾을 길을 잃어버렸지만 동순은 편지가 있는 장소를 알 것만 같습니다. 동순과 호연이 함께했던 공간을 거슬러 올라가, 두 사람이 처음 만난 숲속에서 호연의 아홉 번째 편지가 발견됩니다.

아홉 번째 편지가 가리키는 곳은 몸이 약한 소리가 감기로 입원한 소아과 병원의 옥상정원입니다. 소아과 병원의 옥상정원은 어린 소리와 호연이 처음 만난 장소이기도 합니다. 주사가 무서워 병원이 싫고, 친구가 없어 외롭던 호연에게 소리가 처음으로 손을 내밀어준 곳이기도 하죠. 소리가 손을 내밀어준 덕에 호연은 더 이상 병원 생활이 무섭지 않았습니다.

퇴원하던 날, 소리는 호연의 책상 아래에 나중에 또 만나자는 편지를 붙여놓고 떠납니다. 호연이 처음 보낸 편지가 소리의 책상 아래에 있었던 것 기억하나요? 호연은 어린 시절 받았던 호의를 소리가 했던 그대로 되돌려줍니다. 낯선 환경에 겁먹은 채 숨어서 발끝만 바라보던 자신을 바깥으로 꺼내준 것처럼, 호연의 편지는 소리가 자신을 가두던 울타리를 벗어나 평범한 일상으로 돌아갈 수 있게 해주었습니다. 나아가 한 번 더 용기 내어 옳다고 믿는 일을 해내게 만들어주기도 했죠.

호연이 거짓된 우정에 상처받은 동순을 위로해주고, 관계 맺는 것에 겁이 나 멈춰선 소리를 이끌어줄 수 있었던 건 어릴 적 소리가 전해준 다정함을 잊지 않고 있었기 때문입니다. 이 모든 건 결국 소리가 건넨 선량한 호의의 힘입니다. 지민에게 건넨 용기가 연대와 지지로 돌아왔던 것처럼 말이죠. 소리와 호연이 처음 만난 옥상정원에서 소리는 편지 대신 녹우역으로 가는 기차표 두 장을 발견합니다.

편지를 찾는 여정의 끝에서, 소리와 동순은 호연을 만나러 갑니다. 마냥 단단하게 버티고 서서 누군가를 위로하고 이끌어줄 것만 같던 호연이도 사실은 무섭고 외로웠을 거예요. 이제 단단한 지지대와 친절한 안내자가 되어주었던 호연에게 소리와 동순이 찾아갈 차례입니다.

편지의 마법

〈연의 편지〉는 서로를 통해 세상 바깥으로 나가는 법을 배우며 성장하는 아이들의 이야기를 담고 있습니다. 소리, 동순, 호연, 지민은 서로를 통해 우정과 용기를 배우고, 조건 없는 호의와 연대의 가치를 익힙니다. 이들 모두는 네 친구의 곁에 서로를 지지해줄 누군가가 있었기 때문에 가능한 것입니다.

다시 처음으로 돌아가볼까요? 사람들은 용기를 중요한 가치라 이야기하면서도 스스로 용기를 내기는 어려워합니다. 용기를 냈다가 자신에게 돌아올 불이익이나 받을 상처가 두렵기 때문이겠죠. 소리와 같은 상황에 처해 있을 때 소리처럼 행동할 수 있는 사람은 많지 않을 겁니다. 그렇기 때문에 학교 폭력을 당하던 지민에게 소리의 "그만해."는 기적과도 같은 일이었을 거예요. 비록 실패로 끝난 기적일지라도 말입니다.

호연과 동순의 아지트에서 호연은 기적에 대해 이렇게 얘기합니다.

"기적을 만들려면 생각보다 훨씬 오랜 시간과 정성이 들어가. 그래서 어느샌가 당연한 것으로 착각하기 쉽지."
"그게 당연하고 시시하게 여겨지는 순간 기적이나 마법이 아니게 되는 거래."

소리가 호연의 편지를 찾아다니며 예전의 밝은 성격을 되찾은 것이나, 지민이 학교 폭력을 멈추는 사건은 흔히 일어나지 않는 기적입니다. 하지만 이 기적들은 소리의 작은 용기와 조그만 호의로부터 비롯되어, 호연과 지민의 마음속에서 오랜 시간과 정성을 들여 만들어진 것이죠. 언젠가는 이런 기적도 병원에서 아픈 사람을 치료하거나 비행기로 하늘을 날게 된 것처럼 당연한 일이 될 수 있지 않을까요? 사랑과 용기로 세상을 바꿀 수는 없지만, 사람을 달라지게 만들 수는 있으니까요.

1 지민의 전학 소식을 들은 소리는 할머니에게 지민을 도와준 것을
후회하지만, 도와주지 않았더라면 더 후회했을 것 같다고 이야기
하죠. 만약 소리가 다른 친구들과 마찬가지로 학교 폭력을 외면
했다면 어떻게 됐을까요? 친구를 따돌리는 것이 왜 문제인지 지
민의 입장에서 한번 생각해봅시다.

1) 소리가 지민을 외면했다면 어떻게 됐을까요?

2) 내가 만약 지민이었다면 어떤 기분이 들었을까요?

2 학교 식물원을 관리하는 김순이 기사님은 소리와 동순이 호연의 편지를 찾을 수 있도록 도와주고, 마법을 부려 문제를 해결해주는 사람입니다. 하지만 다른 친구들은 김순이 기사님을 '마녀'라고 부르는 것은 물론, 김순이 기사님의 경비실 '마녀 집', '음침한 곳'이라 부르기도 합니다. 아이들은 왜 김순이 기사님을 부정적인 시선으로 바라볼까요? 김순이 기사님을 보는 시선에 대한 내 생각을 말해봅시다.

1) 김순이 기사님을 바라보는 친구들의 시선은 (옳다/옳지 않다).
  그렇게 생각하는 이유는 무엇인가요?

2) 김순이 기사님은 '마녀'인가요? 객관적인 사실을 바탕으로 생각해봅시다.

3) 아이들이 김순이 기사님을 부정적인 시선으로 보는 이유는 무엇일까요?

3 동순이나 김순이 기사님을 대하는 승규의 태도에 대해 어떻게 생각하나요? 승규의 말을 살펴보면, 자신이 처한 상황을 바라보는 승규의 태도가 잘못된 도덕 원리를 바탕으로 하고 있다는 것을 알 수 있습니다. 승규의 생각을 바꾸기 위해 어떤 말을 할 수 있을지 생각해봅시다.

승규의 상황	승규가 내세운 근거	승규에게 해주고 싶은 말
캠프 준비를 빠지고 친구들과 놀러 가기 위해 부모님께 거짓말을 해달라고 동순에게 요청함	"우리 여사님이 내 말은 안 믿어도 네 말은 믿잖나." "(아주머니에게 거짓말하기 싫다는 동순에게) 내가 아들이지 네가 아들이냐?"	
담배 피우는 것을 학교에 이야기한 김순이 기사님에 대한 복수로 식물원과 경비실에 불을 지름	"그 마녀 할멈도 학교 밖에서 다 핀다고. 담배밭도 재배할걸?" "그런 주제에 우릴 꼰지른 거잖아. 당해도 싸지."	
자신이 식물원에 불을 질렀다는 사실을 알게 된 동순이 이를 말하지 못하게 말림	"내가 퇴학이라도 당할까? 그게 네가 바라는 거야? 네 친구한테 그러고 싶어, 박동순?"	

생각 날기

1 용기가 필요한 순간에 도움 받았거나, 누군가를 용기 내어 도와 줘 본 적 있나요? 누구에게 어떤 도움을 받거나 주었고, 그때 어떤 생각과 느낌이 들었나요? 그 경험은 여러분의 무엇을 바꾸었나요? 그때의 경험을 생각하며 도움을 주고받은 사람에게 편지를 써봅시다.

내일

라마 / 네이버웹툰 / 2017~ / 전체 이용가

인간은 살아 있는 동안 행복한 삶을 누리길 바라지만 크고 작은 불행을 경험하게 됩니다. 자동차 사고, 실업, 파산 등 물질적인 문제로 삶의 위기가 찾아오기도 하고 가족이나 친구들과의 관계에서 만들어진 심리적인 문제로도 삶의 위기가 찾아옵니다. 삶의 위기가 찾아왔을 때 누군가는 내일은 행복이 찾아올 거라는 희망을 잃지 않고 위기를 극복하면서 건강한 삶을 이어가지만 누군가는 스스로의 삶을 포기하기도 합니다.

〈내일〉은 자살을 하는 사람을 미리 찾아서 삶의 가치를 알려주고 행복을 찾는 방법을 알려주는 이야기입니다. 〈내일〉의 등장인물들을 통해 인간이 삶을 포기하는 이유가 무엇인지, 자기 삶의 가치는 어디에서 만들어지는지에 대해 생각할 수 있습니다. 그리고 행복한 '내일'을 만드는 힘을 기를 수 있습니다.

교과서 속 인문학 콘셉트

행복은 일상생활 속에서 충분한 만족감이나 즐거움을 느끼는 상태로 삶에서 중요한 가치 중 하나입니다. 기술가정 교과서는 청소년들이 행복한 삶을 계획할 수 있도록 다양한 개념들을 알려줍니다. 청소년기의 특징이라고 할 수 있는 질풍노도의 시기에 대해 알려주면서 청소년기에 대한 이해를 돕습니다. 또한 도덕 교과서는 자아정체성을 형성하고 이를 토대로 타인과 관계를 맺어야 건강한 사회화가 이루어질 수 있다고 말합니다. 그리고 타인과 관계를 맺기 위해서는 도덕적 상상력이 필요합니다. 중학교 기술가정 교과서와 도덕 교과서의 개념들을 통해 행복을 만드는 중요한 요소 중 하나인 타인과 관계 맺는 올바른 방법을 배울 수 있습니다.

관련된 교과

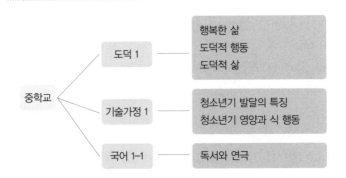

먼저 알아둬야 할 개념들

사회화

인간이 태어나 다른 사람들과 생활하면서 자신이 속한 사회에 필요한 언어와 행동 양식, 지식과 가치관 등을 배워나가는 과정. 이를 통해 사회에서 어떻게 행동해야 하는지를 배우고 소속감을 느끼며, 그 사회 구성원으로 성장해간다. 사회화는 가정, 학교, 또래 집단, 직장 등의 사회화 기관에서 이루어진다.

도덕적 상상력

자기 입장에서 벗어나 다른 사람의 입장에서 상황을 상상하는 능력. 앞으로 다가올 특정한 상황에서 일어날 결과를 상상하는 능력도 포함한다.

자아정체성

청소년기에는 자기 자신에 관하여 많은 생각을 하며, 자신이 어떠한 사람인지 알고 싶어한다. 자신의 성격, 가치관, 능력, 관심, 목표 등을 알고 명확히 한 상태를 자아정체성이라고 한다. 사회화 과정에서 개인의 개성과 정체성이 형성되는데, 어느 사회에서 사회화되었느냐에 따라 그 사람의 특성은 달라진다.

진정한 친구

공자는 친구를 유익한 친구와 해로운 친구로 나누어 설명하였다. 그는 "바르고, 성실하며, 견문이 넓은 친구는 유익하지만, 자기중심적이고, 주관이 없으며, 말만 앞서는 친구는 해롭다."라고 하였다. 바른 친구는 무조건 내 편을 들기보다는 나의 잘못된 점을 지적해주는 친구이다. 그리고 성실한 친구는 서로 믿고 의지할 수 있는 친구라고 할 수 있다. 견문이 넓은 친구는 지식과 경험이 풍부해서 배울 것이 많은 친구이다.

학습 목표

1 청소년기의 특징을 이해하면서 사회와 개인의 관계에 대해 정리할 수 있다.

2. 올바른 관계 맺기 방법을 통해 '나'가 추구하는 삶의 가치에 대해 생각해볼 수 있다.

3. 삶의 목적이 무엇인지 생각한 후 자살 방지 포스터를 제작한다.

자연사를 위한 프로젝트!
나와 우리의 내일을 위해

 우리나라는 한국전쟁으로 모든 것이 파괴되었지만 온 국민이 힘을 모아 한강의 기적을 이루었어요. 극빈국이었던 우리나라는 눈부신 경제성장을 이루었고 급기야 선진국 대열에 오르는 쾌거를 거두었습니다. 반면에 국민은 눈부신 경제 성장이 남긴 짙은 그림자에 머무르고 있습니다. 헬조선, N포세대 등은 우리 사회가 더 이상 희망이 없다는 것을 보여주는 말입니다. 희망이 없는 사회는 자살이라는 사회문제를 낳았어요. 우리나라는 OECD 평균보다 두 배가량 높은 자살률을 보이고 있는데, 청소년은 정신적 어려움을, 30~50대는 경제적 어려움, 60대 이상은 육체적 어려움이 자살 동기[1]라고 합니다.

 죽음은 모든 인간에게 주어진 것으로 거부할 수 없습니다. 즉 인간은 누구나 언젠가는 죽습니다. 세상에서 가장 돈이 많은 사

---

1 보건복지부, https://www.mohw.go.kr/react/al/sal0301vw.jsp?PAR_MENU_ID=04&MENU_ID=0403&CONT_SEQ=371768(확인일: 2022. 9.20)

〈내일〉/ 라마 / 카카오페이지

람도, 권력이 강한 사람도, 지식이 많은 사람도 모두 죽음 앞에 평등합니다. 인간에게 주어진 시간이 무한하지 않다는 것을 알기 때문에 우리는 남아 있는 시간 동안 삶을 어떻게 가꾸어야 하는가에 대해 고민합니다.

많은 사람의 삶의 목적에는 행복이 놓여 있을 겁니다. 행복은 일상생활 속에서 충분한 만족감이나 즐거움을 느끼는 상태라고 해요. 달콤한 케이크를 먹었을 때, 기다리던 신상품을 구매했을 때 우리는 감각적 즐거움을 얻습니다. 그리고 학원이 끝난 뒤 좋아하는 음악을 들으며 집으로 돌아갈 때, 감동적인 영화를 보면서 눈물을 흘릴 때 정신적 즐거움을 느끼기도 합니다. 아리스토텔레스는 내가 목표로 정한 걸 이루는 자아실현을 행복이라고 했어요. 행복은 매우 다양한 방법으로 얻을 수 있고 쉽게 얻을 수도 있습니다. 하지만 누군가는 행복을 느끼지 못하고 자신의 삶을 포기하기도 하죠.

〈내일〉은 작가 라마의 작품으로 우리 사회의 심각한 사회문제인 자살을 다루면서 세대와 성별의 차이를 뛰어넘는 공감대를 형성합니다. 〈내일〉이라는 제목에는 세 가지 뜻이 있습니다. 죽음을 결심한 사람들이 아픔을 이겨내고 맞이할 '내일'이라는 뜻, 다른 사람의 일을 '내 일'처럼 여긴다는 뜻, 그리고 주인공 3인방이 해야 하는 일을 뜻하는 '나의 일 = 내 일'. 이렇게 세 가지 의미를 담아 작품 이름을 〈내일〉로 정했다고 합니다. 웹툰 〈내일〉을 통해 나와 우리의 '내일'을 점검해봅시다.

나를 보는 너희, 너를 보는 우리

'최준웅'은 학벌, 외모, 성격, 유복한 가정 등 완벽한 인생 스펙을 갖춘 취준생입니다. 그는 계속되는 취업 광탈의 충격으로 술을 마시고 한강대교를 건너는 중 저승사자들이 실수를 하는 바람에 3년 이상 식물인간으로 지내야 하는 상황에 처합니다. 저승회사 주마등에서 근무하는 저승사자는 자기들의 실수로 최준웅이 받은 피해를 보상하기 위해 위기관리팀 계약직이라는 일자리를 제공합니다. 그리고 3년 뒤에는 평생 백수로 살 운명에서 벗어나게 해준다는 베네핏을 주기로 약속합니다.

세계는 저승, 지옥, 이승, 천국으로 나뉘고 인간은 이 안에서 무한한 순환을 합니다. 세계의 순환이 안정되게 유지될 수 있었던 까닭은 세계의 네 구역의 인구 비율이 맞추어졌기 때문인데, 자살을 하는 사람들이 급격하게 늘어나자 세계의 순환에 문제가 생깁니다. 그래서 주마등 회사는 이 문제를 해결하기 위해 위기관리팀을 만들었어요. 위기관리팀은 위기에 빠진 사람을 찾아가 자살하지 않도록 그 사람의 문제를 해결해주는 일을 합니다.

저승에서 만든 레드라이트 앱은 부정적인 에너지를 측정하는 것으로 자살할 가능성이 큰 사람을 알려주는 기능을 가지고 있습니다. 부정적인 에너지는 누군가에게 괴롭힘을 당하거나, 대학 입시에 실패하거나, 사랑한 사람을 잃었거나 하는 등 마음이 괴로울 때 생깁니다. 친구를 사귀고 좋은 대학에 진학하고 취업하는 것은 모두 행복한 삶을 만들기 위한 노력입니다. 그런데 이런 노력들이 왜 행복이 아닌 죽음을 가져오는 걸까요?

〈낙화〉(3화~11화)의 주인공인 중학생 '노은비'는 친구의 잘못된 행동을 막으려다가 오히려 왕따를 당해 괴로운 나날을 보내고 있습니다. 평소 가깝게 지낸 친구들이 적이 되고, 고민을 상담했던 선생님은 오히려 은비가 잘못했다고 말하면서 은비가 겪는 고통에 관심을 두지 않습니다. 같은 반 친구들은 은비가 왕따를 당하는 걸 알면서도 은비를 돕지 못합니다. 왜냐하면 은비를 돕다가 오히려 피해를 입을 것이 두렵기 때문입니다. 〈시간의 숲〉(16화~22화)의 주인공 '남궁재수'는 수능에 실패한 재수생으로 자신의 존재가 가치 없는 것 같아 자살을 결심합니다. 〈미스코리아〉(36화~49화)의 주인공 '신예나'는 과거의 트라우마로 스스로 만든 감옥에서 나오지 못하고 점점 병들어가고 있습니다. 사랑하는 사람들을 잃고 남겨진 '강우진'(나무/23화~35화), 성폭행 피해자인데도 오히려 손가락질 받았던 '차윤희'(숨/59화~69화) 등 자살의 이유는 다양합니다. 하지만 어떤 사건이 생겼다고 누구나 자살을 하는 것은 아닐 겁니다. 이들이 자살을 결심한 것은 그 사건이 아니라 사건에 의해 변해버린 주변 상황 때문입니다.

은비는 "넓은 교실에서 언제 끝날지 모르는 괴롭힘을 나 혼자 견뎌내"는 상황 때문에 삶을 포기하게 됩니다. 혜원은 은비를 괴롭히면서, 다른 친구들이 은비를 피하게 만듭니다. 입시에 실패한 남궁재수는 대학에 떨어진 사건보다 남들의 시선에 좌절을 느꼈고요. 신예나 주임은 뚱뚱한 몸매 때문에 고통받았던 것이 아니라 외모로 인해 자랑스러운 딸이 되지 못한 상황, 친구들이 자신을 피하는 상황에서 벗어나고 싶었던 겁니다. 이들이 자살을 결심한 것은 함께 살고 싶었지만 다른 사람들이 그어놓은 선 밖에 혼자 서 있는 상황에서 만들어진 것입니다. 은비와 남궁재수, 신예나는 우리가 되지 못한 너로, 너희들 바깥에 남겨진 나로 홀로 서 있게 된 거죠.

같은 것이 아닌 소중한 것을 찾기

사람들은 다른 외모, 성격, 취향, 종교 등 다양한 차이를 가지고 있습니다. 그런데 이러한 차이를 인정하지 않고 다른 것을 틀린 것이라고 인식하는 것, 그리고 이를 이유로 부당한 대우를 하는 것을 차별이라고 합니다. 세상에 혼자 남게 되는 상황은 특정한 한 사람이 만든 것에서 시작되었지만, 결국엔 다수가 차이를 인정하지 않게 되면서 만들어진 결과라고 볼 수 있습니다.

은비와 남궁재수, 신예나는 주변으로부터 차이를 인정받지 못한 사람들입니다. 은비는 혜원과 똑같이 생각하지 않았기 때문에 따돌림을 당했어요. 자신이 속해 있는 또래집단에서 통용되는 폭력에 동조하지 않았기 때문에 폭력을 당하게 된 거죠. 남궁재수는 다른 사람들과 똑같은 시간에 출발하지 않았기 때문에 실패자 혹은 한심한 사람 취급을 당하지요. 신예나는 사회가 만든 표준 미인형에 들지 않았기 때문에 무리로부터 괴롭힘을 당했고요. 모든 문제의 원인은 자신이 속한 집단과 똑같이 행동하지 않았던 것입니다. 하지만 자신이 속한 또래집단, 또는 사회와 개인은 서로 상호작용하는 관계이지 나와 너 또는 나와 집단이 같은 것이라고 생각하는 동일시의 관계는 아닙니다.

인간은 다른 사람과 똑같아지려고 사는 것은 아닙니다. 서로 다른 개성을 가진 사람으로 성장하고, 또 다양성이 존중되고 개성이 조화를 이룰 때 건강한 사회가 만들어집니다. 그래서 주마등 회장 옥황상제는 개성을 가진 사람들이 모여 사는 이승을 즐거운 곳이라고 생각합니다. 하지만 현대사회는 개성을 가진 삶이 아닌 남들과 비슷하게 살아야 잘 사는 것처럼 인정받습니다.

사회가 정한 미적 기준에서 벗어나면 사람이 상처를 받든 말든 평가하고 점수를 매기는 사람들도 어딜 가든 꼭 있습니다. 이에 작가는 "칭찬이든 비난이든 내 겉모습은 다른 사람에게 평가당하기 위해 존재하는 게 아니니까요. 그런 말에 휘둘려서 마음고생하고 상처받을 필요 없어요."라고 말합니다. 사람마다 모두 똑같은 길을 걸을 수는 없습니다. 조금 일찍 출발하는 사람도 있고 늦게 출발하는 사람도 있어요. 사람마다 걷는 속도도 다릅니다. "인생이란 놈은 잠깐 멈출 때도 있고, 달릴 때도 있고, 천천히 걸을 때도 있는 것. 남들보다 앞서가보기도, 뒤처져보기도 하는 것.

그게 인생"입니다. 우리에게 주어진 인생은 사람들이 정한 인생이 아닌 나의 인생이고, 그 누구도 나에게 삶의 기준을 강요할 수 없으며 내 인생을 평가할 수는 없다는 걸 알아야 합니다. 그래야 내 인생의 소중한 것을 스스로 찾을 수 있습니다.

고통스러운 삶에서 행복 찾기

사람들은 행복하지 않기 때문에 불행하다고 생각합니다. 그리고 나는 불행한데 다른 사람들은 늘 행복해 보이기도 합니다. 하지만 우리의 삶은 고통 속에 잠깐 행복을 느끼는 것이라고 해요. 주마등 회사의 대표 염라대왕은 인간의 삶에 대해 이렇게 말합니다.

> "삶의 본질은 고통이다. 그렇기 때문에 살아 있는 모든 인간은 필연적으로 고통과 마주하게 되지. 그 속에서 어떻게든 발버둥을 쳐서라도 앞으로 나아가야 하는 것이 살아 있는 인간의 숙명이며 고통에 지지 않고 번민하며 나아가는 인간들이 있기에 살아 있음의 가치가 다른 그 무엇보다도 드높은 것이다.'"(107화 끝인사(4) 중에서)

우리는 항상 고통 속에 있으며 이를 이겨낼 때 잠시 행복을 느끼게 되고, 다시 고통이 주어지고 이를 해결하면 또 잠시 행복을 느낄 수 있어요. 이 같은 행복-고통의 순환 구조는 끝없이 반복되는데, 이러한 고통-행복 구조를 통해 성장하는 삶이 만들어집니다. 따라서 우리에게 놓여진 고통을 이겨내지 않고 포기하면 이어지는 다른 문제도 계속 포기하게 됩니다. 그러면 성장이 멈춘 유아적인 삶을 살게 되는 거죠.

이러한 내용이 잘 드러난 〈나의 사춘기에게〉를 봅시다. '다연'은 '미연'이라는 친구의 악행으로 곤란함에 처하게 되는데 저승사자 '구련'은 자신의 의견을 스스로 말해야 한다고 말합니다. 미연은 앞으로 자기와 같은 친구를 다섯 번은 더 만나게 되는 운명인데요, 스스로 친구 문제를 해결하는 연습을 해야 비슷한 일이 반복되거나 더 큰 시련이 닥쳐도 스스로 해결해나갈 수 있게 됩니다. 삶의 고통은 끊임없이 나를 찾아올 것이고 우리는 이를 해결해가면서 굳은살을 만들어야 합니다. 그래야 행복을 잠깐이라도 맛볼 수 있다는 거죠.

그러나 우리 앞에 놓인 시련을 혼자 이겨내기는 어렵습니다. 한자에서 사람을 뜻하는 글자인 사람 인(人) 자를 봅시다. 한자를 보면 서로가 기대는 형상으로, 이는 사람이 서로 기대고 있는 존재라는 것을 보여줍니다. 우리는 다양한 문제들 속에서 행복을 찾는 방법을 배워야 합니다. 마치 보물찾기처럼 말이죠.

너와 함께하는 나, 우리 되기

금수저, 높은 학벌, 준수한 외모, 완벽한 스펙을 가진 최준웅은 거듭되는 취업 실패에서 벗어나지 못하지만, 우연히 저승의 주마

등에 취업합니다. 최준웅은 자살하려는 사람의 고통을 이해하지 못합니다.

> "혼자 재수생 망신은 다 시키는 거죠. 저러니까 대학도 한 번에 못 가지. 한심한…."
> "열심히 하지 않는 사람은 자격지심도, 열등감도 가지면 안 돼? 넌 단 한 번도 자격지심과 열등감에 빠져본 적 없다고 단언할 수 있어?"
> "다른 사람의 삶에 대해 멋대로 평가할 권리는 없어."(17화 시간의 숲(2) 중에서)

남궁재수에 대한 최준웅과 구련의 평가가 다른 까닭은 무엇일까요? 인간은 자신의 경험을 토대로 타인을 평가하거나 이해하기 때문에 다른 사람을 이해하기 어려울 때가 있습니다. 하지만 우리의 경험은 다양하지 않기 때문에 자칫 잘못하면 편협한 방식으로 사람을 평가하게 되는 문제가 생깁니다. 그래서 사람을 대하는 것에는 경험이 아닌 상상이 필요합니다. 자기 입장에서 벗어나 다른 사람의 입장에서 상황을 상상하는 능력을 도덕적 상상력이라고 하는데요. 도덕적 상상력은 결국 타인에 대한 평가가 아닌 타인에 대한 이해를 요구하는 사고를 키워줍니다.

최준웅은 자신이 공부로 실패해본 경험이 없기 때문에 남궁재수가 한심해 보입니다. 최준웅이 남궁재수를 한심해하는 태도는 최준웅이 가진 잣대로 사람을 평가한 것에서 나온 것이라고 볼 수 있습니다. 반면에 구련은 인간을 이해하는 사고를 보여줍니다. 구련은 인간은 누구나 열등감과 자격지심을 가질 수 있다는 걸 이해하고 있습니다. '어떤 사람이 언제 무엇을 이루어야 한다'는 것은 사회가 만들어놓은 관습에 불과하지 정답이 아닙니다. 인간은 때로는 열등감을 느끼기도 하고 가야 할 길을 찾지 못하고 헤맬 때도 있지만 그것이 영원히 지속되는 것은 아닙니다. 그래서 잠시 부족한 모습을 보인다고 해서 그 사람이 영원히 열등한 인물이라고 평가할 수는 없는 거죠.

웹툰 〈내일〉의 위기관리팀 저승사자들은 타인을 이해하고 공감하는 방식으로 문제를 해결합니다. 자살을 결심한 은비, 남궁재수, 신예나 팀장은 자신을 이해해주는 사람을 만났을 때 자신이 만든 벽을 넘어 소통을 할 수 있게 됩니다. 은비는 위기관리팀을 만난 후 엄마와 이야기를 나누었고, 남궁재수는 아버지와 이야기를 나눌 수 있었습니다. 신예나는 자신을 올곧은 눈으로 보고 있는 팀원들을 볼 수 있게 되었고요. 이렇게 타인을 평가하지 않고 도덕적 상상력을 통해 타인을 이해하려고 할 때 벽을 사이에 둔 나와 네가 아닌, 마주 보고 서 있는 우리가 될 수 있습니다.

1 저승사자가 자살할 사람들을 미리 찾을 수 있도록 도와주는 레드
라이트 앱은 사람이 갖는 부정적인 에너지를 알려주는 기능을 가
지고 있습니다. 레드라이트가 실제로 있다면 여러분의 부정적인
에너지는 몇 점일까요? 이유와 함께 말해봅시다.

부정적인 에너지 점수 :

이유 :

2 여러분은 은비가 자살을 결심하기까지 누구의 책임이 크다고 생각하십니까? 이유와 함께 순서를 적어보세요.

은비의 자살에 영향을 미친 사람	순위	이유
은비 자신		
혜원이		
은비와 혜원이 함께 어울렸던 친구들		
선생님		
반 친구들		

위의 표를 참고한 후 은비의 문제를 진단하고 이를 해결하기 위한 방법을 제시해봅시다.

가장 중요한 문제 :

해결 방법 :

3 청소년은 신체적 특징인 성장 급등이 이루어지면서 외모에 관해
서도 관심이 높아집니다. 이러한 청소년의 특징은 사회가 만들어
놓은 미적 기준에 지나치게 의존하여 사람의 외모를 중요하게 생
각하는 문제를 낳습니다. 여러분은 친구를 사귀는 데 외모가 중
요하다고 생각하십니까? 그리고 사람과 친해지는 데 가장 중요
한 요소는 무엇일까요?

친구를 사귀는 데 외모가 영향을 미친다. 이유 :	친구를 사귀는 데 외모는 영향을 미치지 않는다. 이유 :

나는 친구를 사귈 때 ○○○을 중요하게 생각한다.
그 이유는

때문이다.

4 청소년기는 급격한 성장이 이루어지는 시기라서 균형 잡힌 영양 섭취는 매우 중요합니다. 하지만 학생들이 외모를 가꾸기 위해 무리한 다이어트를 시도해 식이장애를 일으키기도 합니다. 다음 글을 참고하여 청소년들이 외모에 지나치게 치중하는 문제를 해결할 방법을 알려주세요.

청소년기에는 성장 호르몬이 많이 분비되는 성장 급등의 영향으로 급격한 신체적 변화가 이루어집니다. 그래서 청소년의 신체는 키가 크고, 살이 찌고, 여드름이 생기는 등 급격한 변화를 보입니다. 또한 청소년은 신체적 특징인 성장 급등이 이루어지면서 외모에 관해서도 관심이 높아집니다.

인간은 사회화 과정에서 개인의 개성과 정체성이 형성되는데, 어느 사회에서 사회화되었느냐에 따라 그 사람의 특성은 달라집니다. 청소년기에는 자기 자신에 관하여 많은 생각을 하며, 자신이 어떠한 사람인지 알고 싶어 합니다. 자신의 성격, 가치관, 능력, 관심, 목표 등을 알고 명확히 한 상태를 자아정체성이라고 합니다.

☑️

생각 날기

1 여러분이 국가인권위원회의 홍보 담당자가 되어 〈내일〉의 인물
　에게 보여줄 자살 방지 포스터를 제작해봅시다.

조건 | 아래의 개념을 찾아 참고할 것

> 오복(사람이 살면서 누구나 바라는 다섯 가지의 복),
> 육극(절대로 자신은 당하고 싶지 않은 비극)
> 웰빙
> 소확행

아이디어 활성화를 위한 질문들

> 집단이란 무엇인가?/행복이란 무엇인가?

> 내가 속한 집단 중 가장 중요한 집단은?/나와 집단은 어떤 관계인가?

> 그 집단에서 나는 어떤 모습인가?

> 나는 존중받고 있는가? 누구에게?

> 내가 생각하는 훌륭한 사람은?

> 나는 언제 행복과 불행을 느끼는가?

집이 없어

와난 / 2018 / 전체 이용가

〈집이 없어〉는 사회화 과정 중 청소년기의 특성을 잘 담아낸 작품이며 더 나아가
사회 집단 내 차이에서 벌어지는 갈등과 차별을 드러냅니다. 또한 이 문제에 대해
결코 편한 해결책을 제시하지 않고 갈등의 속살을 생생히 드러내는 데 집중합니
다. 이 속살을 깊이 살펴보고, 글쓰기로 이어지는 것이 본 단원의 핵심입니다.

한 인간은 태어날 때부터 죽을 때까지 다른 사람과 관계를 맺고 살아갑니다. 그래서 인간은 **사회적 존재**입니다. 사회적 존재로서 인간은 자신이 속한 사회 집단에 필요한 언어, 행동 양식, 지식과 가치관 등을 배워야 합니다. 이 배움의 과정을 **사회화**라 합니다.

사회화 과정 중 신체적·심리적으로 급변하게 되는 시기를 **청소년기**라 합니다. 이 시기는 신체적으로 성인과 비슷한 모습을 보이고 심리적으로는 독립심이 강합니다. 또한 어른의 간섭에서 벗어나려 하고 또래 집단의 영향을 받는 특성이 강합니다.

인간은 이렇듯 청소년기를 거쳐 성장하면서 또래 집단과 같은 다양한 **사회 집단**에 속합니다. 사회 집단은 **소속감**을 느끼고 지속해서 **상호작용**을 하는 집단입니다. 물건을 사러 나온 사람들의 무리는 소속감이나 상호작용이 없으므로 사회 집단이라 칭하지 않지요. 사회 집단은 각기 다른 특성이 있는 다양한 사람들로 구성되는데, 이 구분되는 특성을 **차이**라고 합니다. 이때 차이를 근거로 부당하게 대우하는 것을 **차별**이라 합니다.

관련된 교과

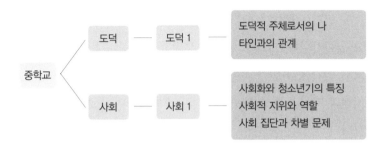

중학교

도덕 — 도덕 1 — 도덕적 주체로서의 나
타인과의 관계

사회 — 사회 1 — 사회화와 청소년기의 특징
사회적 지위와 역할
사회 집단과 차별 문제

먼저 알아둬야 할 개념들

사회화의 의미

인간은 죽을 때까지 다른 사람과 관계를 맺으며 살아가는데, 이러한 의미에서 인간을 사회적 존재라고 한다. 인간은 사회 구성원과 지속적인 상호작용을 하는 과정에서 인간다운 인간으로 성장할 수 있다.

사회화의 기능

사회화는 개인적·사회적 측면에서 중요한 기능을 담당한다. 인간은 사회화를 통해 사회에서 어떻게 행동해야 하는지를 배우고 소속감을 느끼며, 그 사회 구성원으로 성장해간다. 이 과정에서 개인의 개성과 정체성이 형성되는데, 어느 사회에서 사회화되었느냐에 따라 그 사람의 특성은 달라진다. 사회적 측면에서 사회화는 한 사회의 문화를 공유하고 다음 세대에 전달하여 사회를 유지하고 발전시키는 기능을 한다.

청소년기의 특징

청소년기는 신체적·심리적으로 급격하게 변화하는 시기이다. 신체적으로는 성인과 비슷한 모습을 보이고 심리적으로는 독립심이 강해진다. 이 시기의 청소년은 부모의 간섭에서 벗어나 스스로 판단하고 행동하려고 하고, 친구 관계를 중요시하여 또래 집단의 영향을 많이 받는다. 감정의 기복이 심하고 정서적으로 불안정하여 충동적으로 행동하는 경향을 보이기도 한다. 사회의 기존 가치나 질서에 저항하고 반발하기도 하는데, 이것이 심각해지면 사회문제가 되기도 한다.

청소년기의 사회화

청소년기에는 자기 자신에 관하여 많은 생각을 하며, 자신이 어떠한 사람인지 알고 싶어 한다. '나는 누구인가?'에 관한 답으로 자신의 성격, 가치관, 능력, 관심, 목표 등을 알고 명확히 한 상태를 자아정체성이라고 한다. 자아정체성은 자아를 찾으려는 자신의 노력과 가정, 또래 집단, 학교, 대중 매체 등 다양한 사회화 기관에서의 상호작용 속에서 형성된다. 청소년기는 사회화 과정에서 자아정체성이 형성되는 중요한 시기이다.

학습 목표

1 도덕적 주체로서의 개인에 대해 이해할 수 있다.

2 타인과의 관계를 성찰할 수 있다.

3 사회 속 청소년기의 특성과 차별에 대해 이해할 수 있다.

4 단편소설 한 편을 쓰면서 주제에 대해 이해할 수 있다.

집은 없어도 우리는 성장한다

인간이 살기 위한 필수적인 조건 중 하나는 '집'입니다. 집이 없다면 사나운 맹수의 습격을 받을 수 있고, 자연재해 피해도 더 크게 겪습니다. 집은 안전을 보장하고 위험에서 보호해주는 고마운 장소입니다. 또한 피곤하고 힘들 때마다 버팀목이 되어주기도 합니다. 하지만 모든 사람이 집을 편안하고 즐겁게 느끼는 것은 아닙니다.

누군가에게 집은 불안하고 안전하지 못하며, 괴로운 장소일 수 있습니다. 〈집이 없어〉는 그런 누군가의 이야기를 다루고 있습니다. 왕따, 사생활 간섭, 가정 폭력, 학대 등, 가정과 사회 내 갈등과 폭력을 겪은 아이들은 집을 두려워하고 방황하기도 합니다. 이 아이들은 누군가의 보호나 안전 없이 스스로 자신들의 자리를 찾아 '바깥'으로 떠납니다.

집을 떠난 아이들, 그들이 집을 떠나야만 했던 사정

〈집이 없어〉는 '고해준'이 고등학교 2학년이 되자마자 집을 나오는 장면으로 시작합니다. 해준은 어머니와 단둘이 살던 남학생입니다. 어머니는 다정한 사람이었고, 해준 역시 어머니를 사랑하며 잘 따랐습니다.

하지만 그에게는 고민이 있었습니다. 해준의 어머니가 귀신을 볼 수 있기 때문입니다. 어머니는 해준의 곁에 항상 미영 누나라는 귀신이 지켜보고 있다고 말하고, 해준에게 부적을 주기도 했습니다. 그런 어머니를 사람들은 곱게 바라보지 않았습니다.

사람들은 해준과 어머니의 집을 '귀신 들린 집', '남편에게 버림받은 정신 나간 여자의 집'으로 부르고 손가락질합니다. 해준 또한 귀신이 들렸다며 다른 아이들에게 왕따 당하고 괴롭힘을 받다가 폭력으로 맞선 이후 '미친개'라는 별명으로 불리게 됩니다.

사회적인 시선은 해준의 실제 모습을 있는 그대로 봐주는 대신, '귀신 들렸거나' '폭력적인' 사람으로 바라봅니다. 그 시선은 해준에게 상처를 주며 갈등을 만듭니다. 그 탓에 해준은 성장하면서 친구를 만들지 못하고 다른 사람들과 거리를 두려 합니다.

결국 고등학생이 된 해준은 자신을 괴롭히던 집을 나와 기숙사로 떠나려 했고, 어머니는 해준을 붙잡으려다가 차에 치여 사고로 세상을 떠납니다. 어머니와 가정을 잃은 해준은 더 이상 그 집으로 돌아가고 싶지 않습니다. 그래서 귀신을 믿지 않고 두려워하는데도 불구하고, 귀신이 나온다는 옛 기숙사 건물에서 지내기로 결심합니다.

해준의 기숙사 생활은 순탄하지 않습니다. 기이한 일이 일어날 뿐더러, '백은영'이라는 다른 남학생과 자꾸 싸우기 때문입니다.

은영은 해준과 만나기 전까지는 홀로 텐트에서 생활하던 인물입니다. 그는 해준과 정반대로 주변에 친구가 많으며 성격도 밝습니다. 하지만 겉모습과 달리 은영은 생활비를 벌기 위해 절도를 저지르는 등 올바르지 못한 면이 있습니다.

〈집이 없어〉 / 와난 / 네이버웹툰

은영은 해준의 지갑을 훔쳤고, 해준은 지갑 안에 있던 어머니의 부적을 돌려받기 위해 은영을 찾아옵니다. 하지만 은영은 전혀 반성하거나 돌려줄 태도가 아닙니다. 도리어 해준의 어머니를 귀신 들려 정신이 나갔다며 조롱합니다. 분노한 해준은 은영과 싸우다가 결국 텐트를 칼로 찢어버리고 맙니다. 해준의 행동에 은영 역시 분노하며 해준의 배를 칼로 찌릅니다.

그 후 은영은 해준보다 먼저 옛 기숙사 건물에서 지내게 되고, 나중에 치료받고 돌아온 해준과 마주치게 됩니다. 첫 만남부터 최악이었던 두 사람은 이후로도 계속 충돌합니다. 해준을 대하는 은영의 태도는 뻔뻔하며 죄책감이 없어 처음에는 공감하기 어렵습니다. 하지만 은영 역시 해준이 자신의 텐트를 찢은 일 때문에 상처받았기 때문에 해준을 괴롭혔던 것입니다.

일련의 사건들을 겪으며 은영과 해준의 갈등은 점점 풀립니다. 그리고 은영이 텐트에 집착할 수밖에 없었고, 절도를 해도 죄책감을 못 느꼈던 이유 역시 조금씩 드러납니다.

과거에 은영은 가족에게 학대받았습니다. 또한 해준과 은영은 어릴 적 똑같이 절도를 저질렀습니다. 해준에게는 자신을 감싸주며 옳고 그름을 가르쳐준 어머니가 곁에 있었지만, 은영은 아버지에게 일방적으로 맞으며 옳고 그름 대신 폭력을 배웠습니다. 은영에게는 나쁜 것을 나쁘다고 가르쳐준 어른이 곁에 없었습니다.

은영 역시 해준과 마찬가지로 돌아갈 곳이 없는 인물입니다. 그래서 두 사람은 서로 삶의 가치관과 행동 방식이 달라서 계속 싸우고 갈등하지만, 사실 깊은 공감대를 공유한다고 볼 수 있습니다. 그 공감대는 언제 꺾일지 모를 새싹처럼 불안하지만, 연대로 자라날 수 있다는 가능성을 보여줍니다.

달라진 사회상과 가족의 의미, 그 안에서 발생하는 차별

사회가 발전하면서 삶의 환경이 달라지고 가족의 의미도 예전과 달라졌습니다. 과거에는 가장인 아버지의 주장에 절대적인 권력이 있었습니다. 바깥에 나가 가족들을 위해 일하는 건 아버지와 남성들의 영역이었고, 어머니와 딸은 집안에서 가사노동을 하는 게 자연스러운 모습이었습니다. 1970년대 여성들이 공장 등에 여공으로 일하기 시작하면서 여성의 사회 진출은 점차 늘어납니다. 현대사회에 와서는 부모님이 각자 맞벌이하는 가정이 드물지 않고 자연스러운 풍경이 되었습니다.

하지만 사회가 시간에 따라 변하더라도, 사람들의 인식과 관습은 쉽게 바뀌지 않습니다. 과거와 다르게 사는 사람들이 있는데도 불구하고, 여전히 많은 사람들은 옛 관습대로 살아야 한다고 생각합니다. 그래서 기존 사회 규범대로 사는 삶을 정상적인 것으로, 그러지 못한 삶을 비정상적인 것으로 규정합니다. 비정상적인 삶을 사는 사람들은 공동체에 포함되지 못하고 차별받으며 소외당합니다. 〈집이 없어〉에서 아이들에게 괴롭힘당하는 해준의 모습이 이 문제를 잘 보여줍니다.

우리는 '가족' 하면 당연히 부모님과 자녀가 함께 지내는 풍경을 상상합니다. 하지만 해준은 아버지 없이 어머니와 함께 살았습니다. 사람들은 해준의 어머니가 실제로 어떤 사람인지, 해준을 어떻게 대하는지 보고 판단하는 것이 아니라 '남편 없이' 사는 단면을 먼저 봅니다. 어머니에게 흠이 있기 때문에 남편이 없는 것으로 판단합니다. 그런 어머니와 함께 지내기 때문에, 당연히 해준도 흠이 있는 아이가 됩니다. 〈집이 없어〉는 독자들에게도 이 문제에 대해 생각해보게끔 이야기를 풀어나갑니다.

은영은 맨 처음 나왔을 때 뻔뻔한 모습을 보이며 공감하기 어렵고 화가 나게 만드는 인물입니다. 하지만 은영의 내면이 드러날수록, 그것이 온전한 은영의 본모습이 아니고 그가 변할 수 있다고 독자가 점점 인식하도록 이야기가 진행됩니다.

해준과 은영 말고 '박주완'과 '김마리' 등 다른 인물들 역시 처음에는 누군가에게 상처를 주고 때로는 잘못을 덮으려 하는 뻔뻔한 모습을 보입니다. 하지만 이 인물들 역시 철없는 모습 뒤에는 숨겨진 고충이 있습니다.

주완은 자기의 사생활에 지나치게 간섭하는 어머니 때문에 오히려 자신이 있을 자리가 없다는 느낌을 받습니다. 마리는 가정 내에서 아버지와 오빠 셋이 살면서, 어머니 대신 가사노동을 하도록 강요당하고 오빠에겐 일방적으로 맞기도 합니다. 분명 폭력이지만 아버지는 무시하며 오히려 마리를 압박합니다. 결국 주완은 어머니에게서 독립하기로 하며 집을 나와 해준과 은영이 있는 기숙사로 오고, 마리는 이모의 도움으로 가족의 폭력에서 벗어나 집을 나오게 됩니다. 주완이나 마리와 같은 인물들을 보면, 단순히 바깥에 있는 남들만 잘못된 시선으로 사람을 바라보는 게 아닌 것을 알 수 있습니다. '가족' 역시 사회의 일부입니다.

누구보다도 아이를 안전하게 지켜줘야 할 가족 역시 잘못된 시선으로 아이를 바라볼 수 있습니다. 그 시선은 정신적·신체적 학대로 이어지기도 합니다.

공동체로서의 '집' 그 안에서 겪는 고통과 갈등 속의 연대

〈집이 없어〉의 집은 단순한 주거 환경으로서의 집이 아닌 사회 공동체로 확장해서 볼 수 있습니다. 남들과 다르거나 고민이 있거나, 혹은 위험한 상황에 놓인 아이들에게 사회와 공동체는 안정적인 환경을 준다고 볼 수 있을까요? 그런 위태로운 상황이 〈집이 없어〉에서는 귀신이 나오는 불안하고 기이한 옛 기숙사의 모습으로 나타납니다.

기숙사에서 은영, 해준, 주완과 같은 아이들은 안락한 생활 대신 불안정한 생활을 보냅니다. 하지만 세 아이는 점차 그 삶에 적응하기 시작하고, 해준은 어느새 예전처럼 자신에게 붙었다는 '미영 누나'라는 귀신을 무서워하지 않게 됩니다. 그 과정에서 세 아이는 여러 사건을 경험하고 점차 서로를 이해하게 됩니다.

귀신이 나오는 기숙사처럼 집을 나온 아이들의 삶은 절대 평탄하지 않습니다. 그렇지만 살면서 상황을 변화할 수 있다고 〈집이 없어〉는 말해줍니다.

〈집이 없어〉에서 아이들은 서로를 이해하고 점차 연대하게 됩니다. 주완이나 마리가 집을 나올 수 있던 건 그들의 의지만으로 가능했던 게 아니라, 해준 등 다른 인물이 도와주었기 때문입니다. '강하라' 역시 좋아하는 유도를 계속할 수 있었던 건 주완이 하라를 계속 지지해주었던 덕분입니다.

해준과 은영 역시 사이가 바로 좋아지지는 않으나, 함께 아침을 먹기도 하면서 점차 나쁘기만 했던 관계를 변화시킵니다. 그런 과정에서 점점 은영은 다른 아이들의 상황을 접하며 성장하는 모습을 보입니다.

〈집이 없어〉가 보여주는 중요한 주제는 '성장'입니다. 〈집이 없어〉의 아이들은 각자의 방식으로 사고의 폭을 넓히고 타인을 이해해나가며 성장합니다. 그들이 걷는 길은 순조로운 꽃길은 아니며, 상처받기 쉬운 울퉁불퉁한 길입니다. 그 길은 분명 우리 사회의 한구석에서 소외당하는 아이들의 실제 현실입니다. 그 현실을 〈집이 없어〉는 우정과 연대를 통해 극복해나갈 수 있음을 알려줍니다.

생각 펼치기

1 질문에 따라 자신의 생각을 말해봅시다.

1) 내가 가장 편안하게 느끼는 곳을 묘사해봅시다.

2) 그렇게 생각한 이유는 무엇인가요?

2 다음 글을 읽고 질문에 따라 토의해봅시다.

『호밀밭의 파수꾼』의 홀든은 위선적인 규범과 제약을 거부합니다. 하지만 그런 행동은 미국 사회를 거부하는 것과 마찬가지였습니다. 결국 홀든은 학교와 집 등, 그가 소속된 모든 사회에 적응하지 못합니다. 퇴학 통지서를 받은 홀든은 집으로 바로 돌아가는 대신 뉴욕 시내를 떠돕니다. 하지만 그렇게 거리로 나와 방황하는 홀든을 제대로 도와주는 좋은 사람들은 없었습니다. 오히려 그가 좋아했던 교사까지 위선과 거짓으로 가득 찬 인물인 걸 알게 되자, 홀든의 정신적 상처는 점점 커집니다. 다행히 홀든에게는 동생 피비가 있습니다. 피비에게 홀든은 아이들을 지키는 사람이 되고 싶다고 고백합니다. 그리고 그런 역할을 호밀밭의 파수꾼이라 부릅니다. 마침내 홀든은 방황을 끝내고 집으로 돌아온 후 정신병원을 다니며 마음을 치료하게 됩니다.[1]

---

1   [네이버 지식백과] 호밀밭의 파수꾼(김희보, 『세계문학사 작은사전』, 가람기획, 2002), https://terms.naver.com/entry.naver?docId=893738&cid=60619&categoryId=60619

3 윗글에서 설명한 『호밀밭의 파수꾼』과 〈집이 없어〉는 어떤 공통점과 차이점이 있을까요? 정리해봅시다.

공통점	차이점

4 『호밀밭의 파수꾼』의 결말에서 홀든은 결국 집으로 다시 돌아와 치료를 받게 됩니다. 〈집이 없어〉의 인물들은 어떤 선택을 하게 될까요? 자유롭게 상상해서 써봅시다.

5 『호밀밭의 파수꾼』의 홀든이 되고 싶어 하는 '호밀밭의 파수꾼'의
  의미는 무엇일까요? 〈집이 없어〉에서는 누가 호밀밭의 파수꾼이
  될지 써봅시다.

☑
생각 날기

1 '집을 떠난 나'를 주제로 짧은 단편소설을 써봅시다. 나의 지금
  고민, 생활 등 소재는 자유롭게 쓰면 됩니다.

소설 제목 :

내용

중독연구소

김택기 / 네이버웹툰 / 2020~ / 전체 이용가

중독은 나의 삶과 내가 사랑하는 사람들의 삶까지도 망가뜨립니다. 청소년은 뇌의 전두엽이 발달하지 않았기 때문에 중독에 더욱 취약합니다. 그래서 중독의 과정을 알고 예방법을 숙지하고 있어야 합니다. 웹툰 〈중독연구소〉는 우리 사회에 심각한 사회문제가 된 중독 문제를 다루고 있습니다. 작품 속 등장인물은 특별한 인간이 아닌 평범한 소시민들로서, 작가는 우리 주변 사람들이 흔히 경험할 만한 이야기를 생생하게 그려냅니다. 〈중독연구소〉의 등장인물이 우리의 이웃, 친구로 그려졌기 때문에 중독이 특정한 누군가의 문제가 아니라 평범한 나에게도 항상 열려 있는 문제라는 걸, 우리는 중독에서 자유로운 것이 아니라 예비 중독자라는 사실을 깨닫게 됩니다. 〈중독연구소〉는 청소년들에게 중독에서 벗어난 자유로운 삶을 살 수 있도록 다양한 해결법을 알려줍니다.

교과서 속 인문학 콘셉트

자아정체성이 형성되는 청소년 시기에는 세상에 통용되는 다양한 가치를 알고 내 삶의 지침이 되는 바람직한 가치를 세워야 합니다. 교과서에서는 청소년이 바람직한 가치를 세울 수 있는 다양한 개념을 제시합니다. 사회 교과서에서는 인간이 추구해야 할 바람직한 가치가 무엇인지에 대해 설명합니다. 도덕 교과서에는 바람직한 가치를 알기 위해서는 먼저 다양한 나의 모습을 이해해야 한다고 해요. 인간은 태어나면서 다양한 관계를 맺게 되고, 그에 따라 다양한 역할이 주어집니다. 그래서 '나'의 모습은 하나의 모습이 아니라 다양한 모습으로 존재하게 됩니다. 그 안에는 다른 사람과의 관계를 통해 형성된 나의 모습도 있지만 오롯한 개인의 특징이 반영된 나의 모습도 있어요. 그래서 인간은 개인적이면서 동시에 사회적이라고 말합니다. 이렇게 개인적인 나와 사회적인 나를 이해하고 조화시키면 바람직한 가치를 세울 수 있게 됩니다.

사회적인 나의 역할과 오롯한 개인인 나가 조화를 이루지 못할 때 갈등이 발생하고 다양한 문제가 생깁니다. 이때 해결 방법을 찾지 못하면 또다른 새로운 문제가 발생합니다. 기술 교과서에서는 앞에서 다룬 문제들의 결과로 나타난 심각한 사회 현상이 된 중독 문제를 다룹니다. 우리는 교과서에 제시된 다양한 개념을 통해 올바른 관계를 맺고, 자아정체성을 형상하고, 바람직한 가치를 세우면서 사회문제 중 하나인 중독 문제를 예방하거나 해결할 수 있습니다.

관련된 교과

먼저 알아둬야 할 개념들

청소년 우울증의 특성

청소년 우울증은 우울한 감정이 드러나지 않고 무단결석, 게임 중독, 가출, 비행 등의 문제행동 또는 이유 없는 신체의 통증 호소 등 다양한 양상으로 나타난다. 청소년의 우울증은 성인의 우울증과 달라 발견하기 어렵다. 이러한 청소년 우울증을 사춘기 반항 또는 학교 부적응, 일시적 일탈로 생각하거나 개인의 의지력 부족으로 여길 수 있기 때문에 조기 발견이 어려운 것이다.

중독의 과정

청소년기는 호기심이 왕성하며 또래와의 관계를 중요하게 생각하고 모방 심리가 강하다. 또한 이성적인 판단력을 내리기가 어려운 상태이기 때문에 중독에 쉽게 빠져들게 된다. 술이나 마약, 게임 등을 경험하면 순간적으로 강한 만족도를 느끼게 된다. 그래서 반복하게 되고, 점차 내성이 생기게 된다. 내성이 생기면 불안감을 느끼고 피로감을 느끼게 된다. 그러면서 스스로 통제하고 조절하는 능력을 상실해 결국 몸과 마음이 망가지게 된다.

역할 갈등의 해결

우리는 태어나면서 다양한 역할을 부여받는다. 역할들이 충돌할 때 갈등이 생기는데, 이때 갈등의 원인이 무엇인지 분석할 필요가 있다. 그리고 다양한 역할 가운데 무엇이 나에게 중요한지를 선택할 수 있는지에 대한 기준을 세워야 한다. 그리고 기준에 따라 순서를 정한 후 순서대로 역할을 수행해야 한다.

바람직한 가치의 추구

가치란 사람들이 소중하게 생각하여 얻고자 노력하는 대상을 말한다. '가치 있게 여긴다'라는 것은 어떤 것을 소중한 것으로 생각하여 그것을 얻을 만한 것으로 판단한다는 뜻이다. 우리가 어떤 가치를 추구하느냐에 따라 우리 삶의 의미와 방향은 크게 달라진다.

삶의 목적을 설정할 때에는 잘할 수 있는 일, 좋아하는 일, 소중히 여기는 가치, 자신이 설정한 삶의 목적이 다른 사람과 사회에 주는 영향을 고려한 다음 삶의 목적을 설정한다.

학습 목표

1 다양한 중독에 빠진 등장인물을 통해 중독의 원인이 무엇인지 파악한다.

2. 바람직한 가치가 무엇인지 정리한 후 사회적 지위에 알맞은 행동이 무엇인지 생각해볼 수 있다.

3 도덕적 공부를 토대로 '나는 누구인가'에 대해 인과 방법을 사용하여 설명하는 글을 쓸 수 있다.

중독으로부터 자유로운 자아연구소

벽을 부수고 서로에게 귀를 기울이자

스마트폰을 한 시도 떼어놓을 수 없는 스마트폰 중독, 우리나라 청소년의 심각한 문제로 자주 언급되는 게임 중독, 언젠가부터 뉴스에 자주 등장하는 약물 중독, 흡연, 알코올 중독, 일 중독, 쇼핑 중독 등, 우리 사회에는 다양한 중독이 있습니다. 중독은 인간의 삶을 파멸에 이르게 할 정도로 심각한 피해를 줍니다.

중독은 가랑비에 옷 젖듯이 천천히 우리의 삶에 스며듭니다. 대부분 중독은 호기심, 모방 심리, 친구의 권유 등으로 가볍게 경험하면서 시작됩니다. 이러한 경험이 순간적으로 높은 만족감을 주고, 이를 다시 얻으려고 특정 행위를 반복하게 되죠. 그러면 내성이 생기고 불안함을 느끼고 피로감을 느끼게 됩니다. 그리고 자신의 행동을 스스로 통제할 수 없을 때 우리는 중독되었다고 말합니다. 결국 중독은 몸과 마음을 망가지게 하고 사회적 역할을 수행할 수 없게 함으로써 사회적 인간의 삶을 무너뜨립니다.

강수돌 교수는 근대를 전쟁, 빈곤의 경험으로 집단적 트라우마가 생긴 시대, 그리고 이로 인한 불안과 두려움으로 만들어진 중독성 사회'라고 정의합니다. 근대를 지배한 중독은 현대사회로 들어오면서 점점 심각해지고 있습니다, 현대인은 왜 중독이라는 심각한 질환을 앓게 된 것일까요? 웹툰 〈중독연구소〉는 정신건강 사회복지사 김태림이 가람병원 중독연구소에서 만난 중독자들의 에피소드를 그려냅니다. 작가 김택기는 다양한 중독 사례를 통해 현대사회와 중독이 어떤 관계가 있는지를 보여주고, 중독의 근본적인 원인에 대해서 알려줍니다.

벽 안에 핀 중독의 꽃

〈중독연구소〉의 주인공 '김태림'의 아버지는 알코올 중독자였고, 어머니는 자살로 생을 마감했습니다. 그리고 어머니의 자살을 목격하면서 받은 충격은 어른으로 성장한 김태림에게 여전히 영향을 미칩니다. 김태림은 자신이 안고 있는 문제에서 벗어나기 위해 중독자들을 치료하는 상담사가 됩니다.

김태림은 가람병원 중독연구소에 입사한 뒤 다양한 중독자와 그들의 가족을 만납니다. '박세준'(부정/2화~5화)은 알코올 중독으로 입원한 환자입니다. 그는 술로 인해 회사에서 해고당하고 아내가 이혼을 요구하는 상황에 이르게 되었어요. 결국 술로 인해 삶의 가장 큰 두 축인 일과 가정 모두가 파괴되었습니다. 게임 중독에 빠진 고등학생 '이수민'(게임 중독/8화~14화)은 게임 중독으로

---

1   강수돌 · 홀거 하이데,『중독의 시대』, 개마고원, 2018.

학교에 나가길 거부하고 집에서 게임만 합니다. 관계 중독에 빠진 '윤하윤'(허기/18화~36화)은 타인과의 불균형한 관계에 의해 신경성 폭식증과 구토를 반복하는 섭식장애를 앓게 됩니다. '정대현'(빅원)은 도박 중독(도박 장애)으로 2억 원의 빚을 진 대학생입니다. 이들의 공통점은 가족, 친구, 직업, 재산 등 자신의 모든 것을 잃게 되면서 자신의 삶까지 망가졌다는 것입니다. 그런데 이들은 왜 조금 더 빨리 중독에서 빠져나오지 못하고 모든 것을 잃은 뒤에서야 병원을 찾아 치료를 시작한 걸까요?

알코올 중독자 박세준은 자신이 중독자가 아니라고 생각합니다. 이는 심리적 방어기제 중 하나인 '부정'이 작동하면서 나타나는 중독자의 특징입니다. 여기에 더해 중독환자들은 주변인, 상담사, 그리고 자기 자신까지 문제에 접근하지 못하도록 막습니다. 그래서 중독은 더욱 심해지고 치료가 어려워지는 거죠.

김태림은 박세준과의 첫 만남에서 알코올 중독 상태라는 진단을 전달한 뒤 문제 해결 방법을 알려줍니다. 박세준은 스스로 정상인이라고 생각했기 때문에 박태림이 자신을 공격한다고 생각했어요. 그래서 부정의 벽을 쌓은 박세준은 자신을 중독자라고 말하는 상담사와의 만남 자체를 거부합니다. 임아현 팀장은 누군가 자신을 미리 평가해서 대한다면 마음의 벽을 쌓게 된다는 사실을 알려주면서 "상담하기 위해서는 환자가 마음의 벽을 쌓게 하는 것이 아니라, 만들어진 벽 안으로 초대를 받는 손님"이 되라고 말합니다.

김태림은 박세진을 다시 만나 술에 관한 이야기가 아닌 박세진이 다녔던 회사 이야기를 먼저 꺼냅니다. 이수민에게도 게임 중독 이야기 대신에 게임을 알려달라고 합니다. 관계 중독으로 섭식장애 증세가 나타나는 윤하윤, 도박 중독자 정대현에게는 왜 병원에 입원했는지 묻습니다. 중독자가 쌓은 벽 안에 들어가기 위해서는 중독자

〈중독연구소〉 / 네이버 / 김재민·에피알로그

에 대한 관심이 필요합니다. 그 관심은 행동을 파악하고 진단하는 것이 아니라 그 사람의 마음의 소리에 귀 기울이고 이해하는 것을 의미합니다.

중독의 꽃을 피운 뿌리와 토양

박세준은 대기업에 다니는 유능한 어른이었고 이수민은 착한 학생이었어요. 윤하윤은 웹툰 작가 지망생으로 누구보다 열심히 노력했죠. 정대현은 경제적으로 힘든 부모님을 위해서 열심히 공부하고 아르바이트로 학비를 버는 성실한 명문대생이었습니다. 중독은 처음부터 잘못된 삶을 살아가는 사람이 아니라 열심히 살아가고 있는 사람에게 갑자기 닥쳐왔습니다. 바르게 잘 지내고 있는 사람들이 중독에 빠지는 이유는 무엇일까요?

작가는 중독을 나무에 비유합니다. 나무의 성장은 흙과 뿌리에

의해 결정됩니다. 흙이 뿌리에게 영양분을 공급하고 뿌리는 가지와 열매에 영양분을 전달하죠. 가지와 열매가 중독이라는 결과라면 이를 키운 건 뿌리와 흙입니다. 뿌리가 중독자의 부정적 마음이라면 흙은 중독자의 환경이라고 볼 수 있습니다. 흙과 뿌리가 바뀌지 않는다면 가지와 열매를 잘라도 계속 또 다른 중독이라는 가지와 열매가 자라게 됩니다(9화 게임중독(2) 중에서).

중독 문제를 해결하기 위해서는 중독 행위를 막는 것이 아닌 중독 행위를 일으킨 감정, 그리고 그 감정을 느끼게 만든 원인을 찾아야 합니다. 그래서 상담자는 반드시 중독자의 이야기를 많이 들어야 하는 거죠.

박세준은 대기업에 합격한 뒤, 사랑하는 여자친구와 결혼하고 아이를 낳아 행복하게 살았습니다. 그런데 영업 업무를 하기 위해서는 자주 술을 마실 수밖에 없었어요. 술을 잘 마시지 못했던 박세준은 술을 마시는 것이 힘들었지만 고통을 참아가며 술을 마시게 됩니다. 가족을 지키기 위해서는 회사에 다녀야 했으니까요. 박세준은 계속되는 회사 업무의 스트레스와 불안감으로 불면증을 앓게 되고 이를 해결하기 위해 술을 마십니다. 박세준이 계속 술을 마시게 되면서 남에게 피해를 주는 일이 빈번하게 발생합니다. 그래서 회사에서도 해고당하고 가족들로부터 외면을 당합니다. 박세준은 가족과 회사를 위해 싫어하는 술을 참고 마셨지만, 이제는 술 때문에 가족과 회사를 잃게 되었습니다. 박세준이 느끼고 있는 감정은 가장으로서 책임을 다하지 못했다는 죄책감입니다. 박세준의 알코올 중독이라는 열매의 뿌리는 죄책감이라는 감정이었어요. 그리고 흙은 가장이 혼자 가족을 책임져야 한다는 사회적 분위기겠죠.

다음으로 게임 중독에 빠진 이수민 학생을 봅시다. 수민은 중학교 때 반 친구들에게 심한 괴롭힘을 당했습니다. 수민 엄마는 수민이가 어렸을 때 돌아가신 아버지 몫까지 해내야 했기 때문에 항상 바빴습니다. 수민은 자신을 위해 힘들게 살아가는 엄마를 실망시키고 싶지 않아서 친구들에게 괴롭힘을 당하고 있는 상황을 이야기하지 않았어요. 수민의 일상은 점점 더 불행해졌습니다. 어느 날 미술 선생님께서 수민에게 미술에 재능이 있다고 칭찬해주시면서 미술부 가입 권유를 합니다. 수민은 평소 자신이 잘하는 것이 없어 쓸모없는 존재라고 생각했기 때문에 선생님의 칭찬을 듣고 기뻤어요. 드디어 누군가에게 인정받는 존재가 된 것 같았죠. 하지만 엄마는 그림 같은 쓸모없는 걸 생각할 시간에 공부에 집중하라고 말합니다. 수민은 현실에서 인정받지 못한 자신에게 낙담합니다. 그리고 남들에게 인정받기 위해 게임을 시작하게 됩니다. 게임 레벨을 올리기 위해 많은 아이템을 얻어야 해서 자연히 게임 시간이 늘어나게 됩니다. 그래서 수민은 또다시 엄마와 갈등이 생깁니다.

수민에게 엄마는 유일한 가족이자 소통 대상이었습니다. 그런 엄마마저 자신의 이야기를 들어주지 않는다고 생각해서 점점 게임 속으로 빠져들죠. 자존감이 낮아져 있는 수민은 더욱 게임 중독에 빠지게 됩니다. 즉 수민이 맺은 열매인 게임 중독은 누군가에게 인정받지 못한 낮은 자존감의 뿌리에서 만들어졌어요. 그리고 흙은 수민에게 무관심한 엄마와 우리 사회에서 학생은 공부만 해야 한다는 생각이라고 볼 수 있습니다.

웹툰 작가 지망생 윤하윤은 자신이 우울증으로 병원에 입원했다고 말합니다. 하지만 자신의 진짜 증상인 섭식장애와 인간관계에 대해서는 상담사에게 숨깁니다. 윤하윤은 웹툰이 잘 풀리지 않기 때문에 힘들었다고 말하지만, 이연서 상담사는 윤하윤이 안고있는 문제를 관계 중독(사람과의 관계에 강박적으로 집착하고 의존하는 상태)으로 인한 섭식장애 증상이라고 분석하였습니다. 윤하윤은 왜 우울증 치료를 하면서 섭식장애에 대한 문제를 숨겼을까요? 왜 상담사에게 남자친구와 헤어진 사실을 숨기고 지금도 남자친구와 만나고 있다는 거짓말을 했을까요? 그 원인은 내가 잘못되었다는 사회의 시선이 두려웠기 때문입니다.

윤하윤의 중독의 열매인 관계 중독은 자신이 정상이 아니라는 사람들의 시선에서 느껴지는 수치심이라는 감정의 뿌리에 의해 만들어졌습니다. 그런데 중독자가 느끼는 수치심은 사실 사람들의 시선이 아니라 스스로 부정적으로 생각하고 비난하면서 만들어진 것입니다. 이것이 반복되면 삶의 주체성을 잃어가게 된다(허기 11/28화)고 합니다. 결국 윤하윤의 삶에 내려진 중독은 사회적 역할을 강조하는 사회적 분위기와 그로 인해 주체적인 자신을 잘 알지 못하는 문제에서 나왔다고 합니다. 이것이 중독의 뿌리를 자라게 하는 흙에 해당됩니다.

바람직한 삶의 열매를 맺게 한 뿌리와 토양

인간에게는 사회적 관계 속에서 만들어진 사회적 지위에 따라 각각의 역할이 주어져 있고, 그에 따른 역할 행동을 요구받습니다. 한 사람에게 다양한 역할이 주어지기 때문에 역할 갈등이 일어날 수밖에 없습니다. 그리고 때에 따라 사회가 요구하는 역할 행동을 수행하지 못하면 사회적 제재를 받는 경우도 있습니다. 하지만 사회가 만들어놓은 역할과 그 역할이 요구하는 행동을 무조건적으로 따르는 것을 올바른 삶이라고 볼 수 없습니다. 올바른 삶을 살아가려면 역할 갈등을 해결하기 위해 나에게 더 중요한 역할이 무엇인지에 대한 기준을 만들고 판단해야 합니다. 그리고 사회가 나에게 요구하는 역할 행동이 옳은 것인가에 대한 판단도 필요합니다. 이러한 판단으로 주체적인 나의 삶이 만들어질 수 있습니다.

박세준은 사회적으로 부여된 가장의 역할을 충실히 수행하기 위해 회사원의 역할을 열심히 합니다. 하지만 회사원 역할의 비중이 더 커지면서 정작 중요한 가장의 역할을 다하지 못하게 되죠. 회사원의 역할은 자신에게 주어진 업무를 해결하는 것이고 가장의 역할은 가족과 원만한 관계를 이루어나가는 것입니다. 우리는 가장으로서 돈을 버는 것과 가족과 소통을 이어가는 것 중 무엇을 더 우선해야 하는지에 대해 고민할 때가 많습니다. 그런데 가장의 역할에서 가족과의 관계보다 우선해야 할 것은 없습니다. 마찬가지로 수민의 경우 학생과 아들의 역할이 인정받는 가치는 공부이지만 수민이 인정받고 싶은 자신의 가치는 그림입니다. 수민이 원하는 인정은 어머니와의 관계를 이어가려는 도구에 불과한 것입니다. 둘의 관계가 해결된다면 수민은 어떤 방식으로든 자신의 가치를 발견하고 자존감을 회복할 수 있었을 겁니다. 윤하윤도 마찬가지입니다. 꿈을 갖고 이루어가는 삶이 아닌 안정된 삶을 살아가는 것이 정답이라는 주변의 생각에 의해 자신을 남보다 못한 사람이라고 생각합니다.

박세준은 남편 혹은 아빠라는 역할에 대한 사회의 고정관념, 즉 혼자서 가족을 책임져야 한다는 가장의 역할을 수행하려고 노력했기 때문에 정작 중요한 '나'와 '나의 가족'을 잃어버렸어요. 수민과 수민 엄마는 사회가 만들어놓은 학생의 역할에 따라 공부에 가치를 두었기 때문에 정작 중요한 '수민이와 엄마'의 순수한 가치와 역할을 잃었어요. 웹툰 작가 지망생 윤하윤은 실패가 반복되면서 우울증에 걸린 것과 불안정한 자신의 상황을 수치스럽게 생각했습니다. 그 이유는 자신의 모습에 수치심을 느끼는 것은 '사회가 요구하는 나'에 얽매여 '진정한 나'의 모습을 모르기 때문입니다.

중독이 썩은 꽃과 열매라면 건강한 꽃과 열매는 어떤 형태로 나타날까요? 바로 '주체적인 나'의 삶을 살아가는 것입니다. 주체적인 나는 내가 정한 바람직한 가치를 추구하는 삶을 살아갑니다. 가치란 사람들이 소중하게 생각하여 얻고자 노력하는 대상을 말하죠. 옷, 집, 컴퓨터, 스마트폰 등 물질적 가치를 중요하게 생각하는 사람이 있고, 인간의 정신 활동을 통해 얻을 수 있는 정신적 가치를 중요하게 생각하는 사람도 있습니다. 세상엔 이렇게 다양한 가치가 있고 사람들은 서로 다른 가치를 추구하면서 살아 갑니다. 하지만 우리가 어떤 가치를 추구하느냐에 따라 우리 삶의 의미와 방향은 크게 달라지죠. 삶의 목적을 설정할 때에는 잘할 수 있는 일, 좋아하는 일, 소중히 여기는 가치, 자신이 설정한 삶의 목적이 다른 사람과 사회에 주는 영향 등 자신의 생각을 잘살펴볼 필요가 있습니다. 올바른 가치를 추구하고 잘못된 판단을 내리지 않기 위해 도덕적 공부가 필요합니다.

벽 안으로 초대받기, 벽을 부수고 나가기

김태림은 어린 시절 아버지의 알코올 중독과 어머니의 자살로 인해 타인과의 진정한 관계를 맺지 못하고 자신의 이야기를 다른 사람에게 말하지 않습니다. 하지만 자신의 문제점을 인식하고 해결하기 위해 상담사라는 직업을 선택하고 취업합니다.

김태림은 다양한 중독자들이 만든 벽 앞에 서서 기다립니다. 중독자들의 이야기를 들어주면서 그들이 세운 벽 안으로 초대받습니다. 중독자들은 자신의 이야기를 말하면서 진짜 소중한 것을 찾게 됩니다. 그리고 김태림은 환자의 이야기를 들으면서 자신의 문제를 대입하여 공감합니다. 하지만 김태림은 자신의 높고 튼튼한 벽을 허물지 못합니다. 그 까닭은 김태림이 자신의 이야기를 하지 않았기 때문입니다. 태림은 내가 잘해야지 우리 가족이 행복해질 수 있다고 생각합니다. 그리고 태림이 생각하기에 잘하는 것은 자신이 본 그 광경을 누구에게도 말하지 않는 것입니다. 태림에게는 중독자 자녀가 보이는 유형 중 '가족 영웅'과 '잃어버린 아이'의 특징이 나타납니다. '가족 영웅'의 특징은 가족의 모든 책임을 떠맡으려고 하고, '잃어버린 아이'의 특징은 상처를 받아도 자신을 감추기 위하여 감정표현을 하지 않는 것입니다.(가족영웅/17화)

김태림과 같은 중독자를 부모로 둔 자녀는 부모의 중독을 끔찍하게 싫어하면서 중독자 아이가 가진 특징들로 인해 사회에서 문제를 겪고, 부모님의 중독을 그대로 반복한다는 문제점이 있습니다. 그래서 중독 문제를 해결하기 위해서는 중독자뿐만 아니라 그의 가족까지도 치료 범위에 포함해야 합니다. 김태림은 도박 중독에 빠진 정대현에게 중독 문제를 해결하려면 병든 가족과 함께 성장해야 한다(빅원/46화)고 말합니다. 하지만 정작 자신은 중독자 자녀가 안고 있는 모든 짐을 짊어지고 벽 안에서 혼자 서 있습니다.

〈중독연구소〉는 '주체적인 나'가 부재한 상황이 중독의 근본적인 원인이라고 말합니다. 중독은 자신의 부족한 부분을 채우고 싶다는 생각에서 시작됩니다. 보통 가족과 나의 관계, 사랑하는 사람으로부터 인정받지 못할 때 보이는 부족한 부분을 물건이나 게임, 술 등으로 채우면서 주체성을 잃어버립니다. 하지만 가족이 서로 요구하는 역할의 목적은 사랑이 충만한 관계를 형성하고 유지하는 것입니다. 그런데 우리는 가족이 요구하는 역할을 공부나 생산 활동으로 착각합니다. 그러면서 점점 가족으로부터 소외되면서 결핍을 낳고, 결핍을 다른 것으로 채우려는 활동을 반복합니다. 이것이 통제를 잃고 병이 되는 것을 우리는 중독이라고 말합니다.

또한 사회가 요구하는 역할이 단일하고 지나치게 강압적으로 작동되는 것도 중독을 부추깁니다. 이러한 사회적 분위기는 '주체적인 나'가 설 위치를 없애버립니다. 다시 말해 우리 사회는 중독을 일으키는 부정적인 환경의 토양으로 이루어져 있으며, 이러한 사회의 구성원은 언제든지 중독의 꽃을 피울 수 있는 예비 중독자일 수밖에 없습니다.

공부를 잘하는 것, 좋은 직장에 다니는 것이 가족이 요구하는 역할이 아닙니다. 가족의 요구는 사랑입니다. 현대사회는 공부를 잘하고 일을 잘하는 것, 제 시기에 대학을 가고 취업을 하고 결혼을 하는 것이 모범 답안이라고 말합니다. 그러나 삶에서는 정답이 아닌 해답을 찾아야 합니다. 역할과 역할 행동이 때에 따라 다를 수 있다는 것이 인정되는 사회가 정상적인 사회입니다. 바람직한 가치를 설정하고 사회적 역할과 요구하는 행동에 균형을 맞추는 것에서 주체적인 삶은 시작됩니다. 이를 위해 벽 밖에 있는 사람들에게 나의 이야기를 들려주고, 벽 안의 사람들의 이야기를 듣는 소통의 노력이 필요합니다.

생각 펼치기

1 여러분이 수민이의 상담자라면 수민이에게 어떤 말을 해주고 싶
  나요?

> 수민(과거) "모든 것들이 잘못되어가고 있다는 걸 알고 있지만… 게임 속에서 나올
> 수 없었다. 게임… 재미없어."
>
> 수민(현재) "저도 제가 한심해요. 뭐 하나 제대로 하는 것도 없으니 그렇게 게임에
> 빠진 거겠죠. 사람들이 저를 싫어하는 게 당연해요. "
>
> 상담자

2 박세준은 알코올 중독의 방어기제인 '부정'으로 자신이 중독자라는 것을 인정하지 않습니다. 하지만 김태림을 만나 자신의 이야기를 하면서 자기가 중독에 빠진 상태라는 걸 인정하고 "제가 술을 끊을 수 있게 도와주세요."라고 말합니다. 박태준이 알코올 중독 상태인 걸 인정하게 된 가장 큰 이유가 무엇이라고 생각합니까?

3 관계 중독에 빠진 웹툰 작가 지망생 윤하윤은 "난 나로 존재하기 위해선 무언가가 되어야만 된다고 생각했어. 누군가로 인정받기 위해서 사랑받기 위해서 나는 그저 나면 되는 거였어"라고 말합니다. "나는 그저 나면 되는 거였어"라는 뜻을 풀이하여 설명해 봅시다.

4 웹툰을 읽은 후 인물들의 중독 문제의 원인을 분석하고 해결 방
안을 간략하게 정리해봅시다.

	열매(증상)	뿌리(감정)	흙(환경)	해결 방안
	쇼핑 중독, 음식 중독, 일 중독, 약물 중독, 알코올 중독, 모방 중독 등	수치심, 외로움, 슬픔, 분노 등	성적 학대, 신체적 학대, 영적 학대, 정서적 학대 등	
〈부정〉 박세준	알코올 중독			
〈게임 중독〉 이수민				
〈허기〉 윤하윤	관계 중독			

☑️
생각 날기

1 나의 역할을 정리한 후, '나는 누구인가?'에 대해 설명하는 글을 써보세요.

> 설명하는 글은 설명하고자 하는 대상에 대한 정보를 사실적으로 전달하는 데 목적이 있다. 설명하는 글에는 정의, 비교, 예시, 구분, 인과의 방법이 있다. '나'를 설명하기 위해 다양한 설명 방법을 활용하여 글쓰기를 하면 글의 중심 생각이나 핵심 정보를 잘 전달할 수 있다. 그리고 이러한 글쓰기 전략을 시도하면 글 쓴이와 독자 모두 비판적으로 생각할 수 있는 힘을 길러준다.

> 나의 사회적 지위는 무엇이 있으며, 역할과 역할 행동은 어떠한가?

> 나는 나에게 부여된 사회적 지위와 역할을 유지하기 위해 어떤 노력을 하고 있는가?

이 노력은 누구를 위한 노력인가? 그 이유는?

내가 추구하는 가치는 무엇인가? 그 이유는?

내가 생각하는 바람직한 가치는 무엇인가? 그 이유는?

현재 나의 삶은 만족스러운가?

만족스럽다면 어떤 점이 만족스럽고, 이를 유지하기 위해 앞으로 노력해야 할 것이 무엇이라고 생각하는가?

만족스럽지 않다면 어떤 점이 만족스럽지 않고 이를 해결하기 위해 어떤 노력이 필요한가?

우리는 일상생활 속에서 다양한 도덕적 문제 상황을 마주하게 됩니다. 도덕적 문제 상황을 마주할 때 우리는 올바른 도덕 판단을 내리기 위해 고민합니다. 나 하나쯤이야, 하고 무심코 지나쳤던 사소한 일에서도 마찬가지예요. 길을 물어보는 사람을 외면하고 지나칠 때, 길가에 아무렇게나 쓰레기를 버릴 때도 나의 양심과 편리함을 저울질합니다. 여러분이 마주쳤던 일상생활 속 도덕적 문제 상황에는 어떤 것이 있나요? 그 상황에서 여러분은 어떤 판단을 내리고, 어떻게 행동했나요? 내가 겪었던 도덕적 사건에 관해 서술해봅시다.

도덕적 사고와 도덕적 행동

도덕적 사고란 도덕적 갈등 상황에서 올바르게 판단하기 위해 신중히 생각하는 것을 말한다. 그러나 도덕적 사고가 곧 도덕적 행동으로 이어지지는 않는다. 도덕적 사고가 도덕적 행동으로 이어지지 않는 데에는 이기심과 편의주의, 무관심, 용기 부족 등의 이유가 있다.

도덕 추론

도덕적 문제 상황에서 도덕 원리와 사실 판단을 근거로 구체적 도덕 판단을 내리는 것을 말한다. 올바른 도덕적 추론은 근거가 되는 도덕 원리와 사실판단이 타당하고 사고 과정도 합리적이다. 일반적으로 삼단논법의 형식을 통해 이루어진다.

도덕적 성찰의 준거

도덕적 성찰을 할 때 성찰의 근거와 기준으로 삼는 것. 양심, 보편적 도덕원리, 도덕적 인물을 성찰의 준거로 삼아 도덕적으로 옳고 그른 것을 판단할 수 있다.

도덕적 실천 동기

도덕적 사고를 통해 선택한 도덕적 행동을 실천하도록 만드는 계기나 원인을 뜻한다.

- 선의지 : 옳은 것을 추구하고 옳지 않은 것을 멀리하려는 선한 마음
- 정의 : 개인 간의 올바른 도리. 또는 사회를 구성하고 유지하는 공정한 도리
- 공감 : 다른 사람의 감정을 함께 느끼고 이해하는 마음
- 사랑 : 어떠한 보상이나 조건 없이도 베풀 수 있는 마음

내가 알고 있거나 경험한 도덕적 사건은 무엇인가?

개요 짜기

- 서론 : 내가 알고 있거나 경험한 도덕적 사건과 내가 취한 행동
- 본론 : 그렇게 행동한 이유와 내가(사람들이) 한 행동에 대한 사실 판단/도덕원리 검토
- 결론 : 내가(사람들이) 한 행동에 대한 도덕 판단

02

변화하는 사회에서
무엇을 지켜야 하는가?

변화, 사회 공동체, 과학 윤리

근 100년간 현대사회의 모습은 지난 2,000년 동안의 변화보다 더 급격하게 변화했습니다. 이 중심에는 과학기술의 발전이 있습니다.

과학기술의 발전이 본격적으로 이뤄진 시기는 근대사회 이후입니다.

고대부터 중세까지 인류는 종교를 중심으로 가치 판단을 했습니다. 한 예로 천동설은 가톨릭 교회가 공식적으로 인정한 지식이었기 때문에 지동설은 받아들여지지 않았습니다. 하지만 중세 사회가 십자군전쟁과 흑사병으로 무너지고 대항해 시대가 열리면서, 사람들의 사상은 자연히 종교보다 인간 중심적인 방향으로 변했습니다. 신이 아닌 인간의 눈으로 세상을 보기 때문에, 관찰로 얻은 데이터는 객관적인 지식이 되었습니다. 그렇게 새로운 발견이 이뤄지고, 기술과 산업이 발달하며 현재에 이릅니다.

이제 현대사회에서 우리는 유튜브를 통해 세상을 보고, AI에게 질문이나 부탁을 하며, 다양한 디지털 게임을 즐길 수 있습니다.

하지만 AI는 혐오를 학습했습니다. 그리고 원작자의 동의 없이 그대로 일러스트를 사용 가능한 AI 프로그램이 등장하며 지적재산권 문제를 초래합니다. 유튜브는 선정적인 영상이나 광고를 띄우기도 합니다. 이외에도 다양한 윤리적 문제가 발생하고 있습니다.

사회가 변화해도 인간은 혼자 살 수 없으며 사회 공동체를 이룹니다. 공동체가 있었기 때문에 기술도 발전했습니다. 이제는 공동체를 위해 어떤 가치를 지켜야 할지, 또 어떤 윤리관을 가져야 할지 고민해볼 시기입니다.

전자오락수호대

가스파드 / 네이버웹툰 / 2014 / 전체 이용가

〈전자오락수호대〉는 고전 게임의 영광과 몰락을 다룹니다. 이는 기술이 인간 간의 차별을 철폐하면서 동시에 어떻게 사회를 파괴하는지, 그로 인해 또 다른 차별이 생겨나는 과정을 생생히 보여줍니다. 동시에 기술이 어떻게 공동체를 다시 살리는지, 또 개인은 어떤 삶을 살아야 하는지 역시 함께 다룹니다. 이 과정 속에서 바람직한 개인과 공동체의 삶은 어떤 것인지 비판적으로 분석하고 글쓰기로 이어지는 것이 본 단원의 핵심입니다.

교과서 속 인문학 콘셉트

인간은 오래전부터 생활에서 겪는 다양한 문제를 해결하기 위해 **기술**을 개발하고 이용해왔습니다. 하지만 기술이 발달하면서 **생명의 존엄성, 환경, 인권** 등에 피해를 끼치는 쟁점들이 함께 나오기 시작했습니다. 따라서 올바른 과학기술을 이용하기 위해서는 **책임감**을 가지고 인권 향상과 복지 증진을 위해 꼭 필요한 부분에 사용하도록 의식을 갖춰야 합니다.

현재 기술이 발달하며 새로운 미디어들이 탄생했어요. 이러한 새로운 미디어에는 **홀로그램, 가상현실, 증강현실**이 있습니다. 또한 분류 기준에 따라 **정보를 전달하는 미디어**와 **정보를 표현하는 미디어**로 나누어지기도 해요.

그러나 기술이 발전한 현대사회에서도 불합리한 차별과 복지 사각지대는 여전히 존재합니다. 피부색, 장애, 직업, 지위, 국적, 나이 등으로 말미암아 다른 사회 구성원보다 열악한 상황에 처해 있거나 고통을 받으며 살아가는 사람들을 '**사회적 약자**'라고 합니다. 모든 사람들이 인간답게 살기 위해서는 생명을 안전하게 유지할 권리를 포함해 다른 사람에게 피해를 주지 않는 범위에서 자유와 평등을 누릴 권리, 행복을 추구할 권리 등 다양한 권리를 보장받아야 해요. 그 근거가 되는 **인간 존엄성**과 **인권**은 누구에게나 어떤 상황에서나 적용되어야 하는 보편적이고 절대적인 가치라는 점에서 소중합니다.

관련된 교과

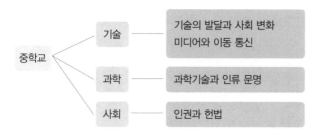

중학교
- 기술 ─── 기술의 발달과 사회 변화 / 미디어와 이동 통신
- 과학 ─── 과학기술과 인류 문명
- 사회 ─── 인권과 헌법

먼저 알아둬야 할 개념들

게임 미디어

게임을 정의하기에 앞서 놀이에 대해 알아볼 필요가 있다. 게임을 포함하고 있는 놀이에 대한 정의와 개념, 그리고 놀이와 게임의 차이를 명확히 하는 것이 게임을 정의하는 첫 걸음이기 때문이다. 놀이에 대한 첫 연구는 요한 호이징아(Johan Huizinga)의 책 『호모 루덴스(Homo Ludens)』에서 찾아볼 수 있다. 호이징아는 놀이의 본질에 관하여 "놀이가 제천의식에서 기원했다."라고 주장하였고, 이를 계승한 로제 카이와(Roger Caillois)는 놀이의 특징을 다음 여섯 가지로 설명하였다.

① 놀이는 자발적인 행위이다. 놀이하는 자는 강요당하지 않는다. 명령에 의한 놀이는 이미 놀이가 아니다.
② 분리된 활동이다. 처음부터 정해진 공간과 시간의 범위 내

에 한정되어 있다. 즉 일상생활과 분리되어 존재한다는 것이다.

③ 확정되어 있지 않은 활동이다. 게임의 전개가 결정되어 있지도 않으며, 결과가 미리 주어지지도 않는다.

④ 비생산적인 활동이다. 놀이 중에는 어떤 재화와 부도 만들어내지 않는다. 즉 생산적이지 않다는 의미이다.

⑤ 규칙이 있는 활동이다. 놀이는 약속을 따르는 활동이다.

⑥ 허구적인 활동이다. 놀이는 현실 생활과는 달리 이차적인 현실, 또는 비현실이라는 특수한 의식을 수반한다.[1]

인권의 의미와 특징

• 인권의 의미 : 사람으로서 누구나 마땅히 누려야 할 소중한 권리.

• 인권의 특징 : 나이, 성별, 장애 등에 관계없이 누구나 사람으로서 존중받고 행복하게 살아갈 권리.

※ 인권의 성격

• 인간이 태어나면서부터 갖는 천부적인 권리.

• 타인이 함부로 빼앗을 수 없고, 남에게 넘겨줄 수 없는 자연

---

[1] [네이버 지식백과] 게임의 정의(윤형섭 외, 『한국 게임의 역사』, 북코리아, 2012), https://terms.naver.com/entry.naver?docId=2166923&cid=50857&-categoryId=50857

적으로 주어지는 권리.

학습 목표

1 공동체 속 개인에 대해 이해할 수 있다.

2 기술의 발전상을 분석하고 문제점을 비판할 수 있다.

3 과학기술을 다룬 작품을 보는 시각을 기를 수 있다.

4 문제점을 비판하며 스스로 의견을 담은 글쓰기를 한다.

게임의 발전과 사회의 변화, 그리고 갈등

기술이 모두를 즐겁게 해줄 수 있을까

많은 사람들이 좋아하는 게임은, 전통적인 윷놀이와 바둑 같은 놀이부터 컴퓨터 게임, 그리고 요즘 유행하는 모바일 게임까지 모두를 의미합니다. 요한 하위징아는 『호모 루덴스』라는 저서에서 '놀면서 다양한 창조적 발전을 이루는' 인간으로서 '호모 루덴스'를 얘기한 바 있는데, 게임이란 그 설명에 잘 맞는 문화이기도 합니다.

게임은 폭력성·선정성·사행성이 담겼다는 비판도 있습니다. 모든 게임이 그런 것은 아니지만, 이는 피해갈 수 없는 비판이기도 합니다.

한 게임이 만들어지고 대중에게 유통되는 과정에는 많은 사람들의 창의력과 노력이 담깁니다. 그렇기 때문에 많은 사람과 돈이 들어갑니다. 이 과정에서 굉장한 게임이 나오는 한편 이윤만 중시해 자극적이기만 한 게임이 나오기도 합니다. 이렇게 다양한 게임이 만들어지고 출시되는 용광로 속에서, 시대를 지난 옛 게임은 대중의 관심에서 멀어지고 고전으로 남게 됩니다.

〈전자오락수호대〉는 이젠 관심 받지 못하는 고전 게임을 배경

삼아 이야기가 진행됩니다. 이 웹툰은 과거 고전 게임이 유행하던 동안 겪었던 이슈들과 몰락하는 과정을 스토리텔링으로 풀어나가며, 기술 발전과 사회상을 함께 보여줍니다.

여러 공동체가 겪는 갈등, 그리고 기술의 발전과 몰락

〈전자오락수호대〉에는 세 주요 집단이 등장합니다.

첫 번째는 수호대입니다. 수호대는 이야기의 중심이 되는 집단으로 게임이 유지되도록 플레이어의 눈을 피해 일하는 사람들입니다. 플레이어가 눈치채지 않도록 게임 무대 뒤에서 엔딩까지 플레이어를 무사히 인도하는 것이 이들의 목적입니다.

두 번째는 게임 속 주민들입니다. 이들은 무대 위에서 이야기를 진행하는 연극배우와 같습니다. 이들은 수호대와 목적이 같으나, 강압적인 수호대의 방식에 반발하기도 하며 때로는 다른 주민 공동체와 갈등을 빚기도 합니다.

세 번째는 플레이어입니다. 플레이어는 같은 목적을 공유하는 한 집단은 아닙니다. 게임을 플레이하는 여러 개인을 뜻합니다.

이들 집단은 '엔딩까지 무사히 간다'는 목적은 같으나, 원하는 방법이나 사상이 다릅니다. 수호대는 최대한 효율적이고 빠르게 플레이어를 엔딩으로 보내야 합니다. 하지만 게임 내 주민들 역시 살아 있는 배우들이며, 각자 사정이 있기 때문에 무조건 수호대가 요구하는 방식대로 행동할 수는 없습니다.

플레이어는 수호대와 주민들이 살아서 존재하는 것을 모르기 때문에 엔딩을 보려는 목적과 자신의 즐거움에 따라 게임을 진행합니다. 이 과정에서 폭력이 발생하기도 하고 소외받는 주민이 생기기도 합니다.

〈전자오락수호대〉의 주 무대가 되는 게임 〈용검전설〉 속 배우 중 한 명인 '꼬마'는 다음과 같은 독백을 합니다.

> 안녕하세요? 저는 '꼬마'라고 해요. 〈용검전설〉에서 '바둑이'와 함께 마을공원의 엑스트라를 맡고 있어요.
>
> 우리는 아무런 임무도 아이템도 못 드리는 단역일 뿐이지만… 용사님께 잠시나마 즐거움을 드리고 싶어서, 이런 재주를 익혔어요!
>
> …하지만 용사님들은 냉정… 아, 아니 너무 바쁘셨어요…!
>
> 우리는 더, 더 노력했어요. 용사님이 바쁘시다면, 우리가 더 노력해서… 우리는 쓸모 있는 존재라는 걸 증명하고 싶었어요.

꼬마는 마을 공원에서 바둑이와 함께 방망이를 던지고 물어 오는 재주를 하는 게임 속 주민입니다. 이들은 스토리상 큰 역할이 주어지지 않고 〈용검전설〉 세계 속 지나가는 단역으로 활동합니다. 그렇지만 이들은 노력해서 재주를 익혔습니다.

용사는 게임의 주인공, 즉 플레이어입니다. 플레이어의 관심을 끄는 건 중요 아이템과 스토리를 지닌 NPC[2]들뿐입니다. 이들

---

2 None Playable Character. 플레이어가 조작하지 않는 게임 내 등장인물.

의 관점에서 볼 때 아무것도 주지 않는 꼬마는 쓸모가 없습니다. 그래서 잘 보지 않고 넘어갑니다.

에버블루 / 가스파드 / 〈전자오락수호대〉

꼬마처럼 게임 속에서 차별당하고 소외받는 주민들이 있습니다. 홀리시티의 언데드들, 매지시티의 주민들, 그리고 더 이상 용사들이 방문하지 않는 버려진 고전 게임의 주민들과 같은 사람들이 있습니다.

홀리시티의 언데드들의 경우, 실제 죄인들이 아니지만 악역을 맡는다는 이유로 친한 주민의 부모님을 죽였다는 누명을 받습니다. 이 누명을 주도한 건 사제 집단입니다. 후에 누명이 벗겨지지만, 마을 사람들은 여전히 기적에 기댑니다. 이 모습을 보고 언데드들의 친구인 '메르시'는 이렇게 비판합니다.

기적이니 신성이니 또 그딴 것에 기댈 생각이야?!!

우린 그런 게 없으면 아무것도 할 수 없는 존재인 거야?!!

기적 같은 게 있었으면 엄마아빠는 왜 죽었어?!!

언데드들은 왜 추방당한 거야?!!

우리한테 할 말이 진짜 그 말밖에 없는 거야?!!

…좋은 일은 전부 요행에 맡기고… 나쁜 일은 전부 남한테 맡

기고… 그런 나태가 이뤄낸 꼴을 봐.

세상 곳곳에 빌려줬던 책임을 이젠 정말 돌려받을 때가 왔어.

마지막으로 다시 한번만 생각해봐.

우리한테 할 말이 정말 그것밖에 없는 거야?

〈전자오락수호대〉는 게임 속 이야기를 통해 인간 사회 내에서 벌어지는 집단 간의 갈등, 그 안에서 소외당하는 사람들의 모습을 전달합니다. 꼬마가 쓸모가 없다고 용사들에게 버려지고 홀리 시티의 언데드들이 겉모습과 역할 때문에 마을에서 버려졌듯, 겉모습이나 직위 때문에 소외받는 건 현실의 차별과 닮았습니다.

그리고 수호대 중에서 이러한 차별을 없애려고 노력한 사람들이 있었습니다. '컨티뉴'는 모두가 즐거운 게임 세상을 만들기 위해 노력했으나, 결국 잘못된 기술에 손을 대 '검은 금요일' 사건의 주범 중 한 사람이 됩니다. '매뉴얼'은 모두가 차별 없는 세상을 만들기 위해 그래픽을 바꾸는 명찰을 개발했는데 이는 다시 차별을 하게 되는 근거가 됩니다. 이들은 모두 사람들의 인권과 복지를 증진시키기 위해 기술을 개발했습니다. 그 시도가 성공하지 않고 끔찍한 결과로 돌아왔다는 것은 기술 발전에 대해 좀 더 성찰하고 책임감과 경각심을 가져야 한다는 메시지를 줍니다.

그렇다면 어떤 가치관을 지녀야 할까요? 〈전자오락수호대〉는 그 정답을 눈에 보이듯 확연히 드러내지 않고 대신 중심인물들의 시각과 성장을 통해 드러냅니다.

인물들의 시선, 그리고 기술을 이용하는 가치관

이야기의 핵심적인 인물은 '패치', '퍼블리 셔', '치트', '용사' 네 사람입니다.

패치는 원래 잘나가는 모바일 게임 부서의 팀장이었습니다. 하지만 치트의 음모로 게임 진행이 틀어지고, 플레이어에게 모습을 들키면서 고전 게임 부서로 좌천되어 〈용검전설〉의 진행을 맡게 됩니다.

퍼블리 셔, 이하 퍼블리는 용검전설 세상에서 사는 주민입니다. 퍼블리의 꿈은 수호대가 되는 것입니다. 그래서 패치가 용검전설에 왔을 때 가장 적극적으로 조수 역할을 맡고 함께 게임 세상을 모험하게 됩니다.

두 사람은 수호대의 일원으로서 용사를 엔딩까지 인도한다는 같은 목적을 지니지만 가치관이 다릅니다. 패치는 매뉴얼대로 효율적으로 용사를 인도해야 한다고 생각하지만 퍼블리는 사람들과 소통하고 그들의 어려움에 공감합니다. 두 사람의 지향점은 다르지만 퍼블리는 패치의 합리성을, 패치는 퍼블리의 다정함을 조금씩 닮아가며 의사선택을 하게 됩니다.

이들의 이름에 힌트가 있습니다. '패치'는 게임의 오류를 수정하고 업데이트하는 프로그램을 뜻합니다. 퍼블리셔는 게임을 유통해서 고객에게 판매하고 소통하는 일을 담당하는 직업명입니다. 〈전자오락수호대〉의 세계에서는 게임 속 주민과 마찬가지로 수호대도 살아 숨 쉬는 인간들입니다. 어쩌면 작가는 게임 외부에서 노력하는, 다시 말해 게임을 직접 만드는 사람들의 은유로서 '수호대'를 만든 건 아닐까요? 그렇다면 어째서 플레이어에게 모습을 들키면 안 되는지 알 수 있습니다. 이는 만화 내에 직접 대사로 등장합니다.

> 왜 게임이 더 이상 즐겁지가 않았던 건가요…?
>
> …너희의 존재… '요정'들의 존재를 깨닫고 나서부터는 게임을 더 이상 예전처럼 즐길 수가 없었어…
>
> …(중략)…
>
> 너희도… 맞으면 아파하고 지면 슬퍼하는 존재란 걸 알게 되었으니까…
>
> 이제야 모든 게 이해되었다.
>
> 왜 수호대가 주인공에게 들켜선 안 되는지… 왜 모든 일을 아무도 모르게 했어야 했는지… 내가 들키지 않았으면 이 슬픔도 없었던 거다.

게임을 만드는 사람 역시 노동자로서 일하는 사람들입니다. 이들이 겪는 과로, 스트레스 등의 피해를 직접 본다면 그것은 더 이상 즐거운 가상세계가 아니게 됩니다. 그렇기 때문에 가상세계에서는 현실의 모습을 지우고, 플레이어가 최대한 그 세계관을 즐길 수 있도록 이끌어야 합니다.

다음으로 '치트' 역시 수호대지만 이 인물의 목적은 다른 인물들과 다릅니다. 이 인물 역시 이름에 의미가 담겨 있습니다. '치트'는 게임에서 빠른 클리어를 위해 정보 값을 조작하는 프로그램입니다. 따라서 치트를 사용하면 처음부터 강한 캐릭터를 만들거나 빠른 속도로 특정 명령을 수행할 수 있습니다. 그래서 속임수(cheat)라는 이름으로 불립니다. 치트는 패치와 퍼블리, 용사가 겪는 모든 음모의 배후에 있는 인물로서, 모두를 속이고 '검은 금요일'을 재현하려는 인물입니다. 이 인물은 패치나 퍼블리처럼 수호대로서 좋은 게임을 만들기 위한 목적으로 움직이지 않습니다. 반대로 게임을 망치기 위해 움직입니다.

마지막으로 용사는 이름 없는 플레이어입니다. 이 용사는 다른 용사들과 달리 게임의 클리어에 몰두하지 않고, 게임 내에서 다양한 재미를 찾으려 합니다. 앞서 마을 공원에서 바둑이와 함께 몽둥이 집어던지기 놀이를 하던 꼬마에 대해서 다른 용사들은 그냥 지나쳤는데, 이 용사는 꼬마와 같이 몽둥이 집어던지기 놀이를 합니다. 싸우는 두 집단에 대해서는 어느 한쪽의 편을 들지 않고 화해하라고 웃으며 말합니다. 다른 주인공들은 수호대를 마주치면 부정적인 반응을 보이기 때문에 수호대와 주인공이 만나는 건 금기지만, 이 용사는 퍼블리와 패치를 보고도 그냥 요정이라며 반가워합니다.

이들 인물들의 모습을 통해 기술과 공동체에 대한 가치관 역시 바라볼 수 있습니다.

패치, 퍼블리, 용사는 작품 내에서 긍정적인 가치관을 지닌 인물들로 나옵니다. 패치의 합리성과 퍼블리의 소통이 공존하며 차별당하고 소외받던 주민들의 문제가 해결됩니다. 용사 역시 아무도 주의를 기울이지 않는 사람들에게 손을 내밀고, 함께 동료가 되기도 합니다.

치트는 부정적인 가치관을 지닌 인물로 나옵니다. 이 인물은 너무 완벽하려 한 나머지, 오히려 게임 세상을 망치려고 합니다.

치트와 같은 인물을 통해 기술은 완벽과 발전을 추구하려 하면 할수록 오히려 세상을 망친다는 것을 보여줍니다. 패치, 퍼블리, 용사와 같이 느릿하지만 모두가 즐겁게 살 수 있는 세상을 만들기 위해 기술을 이용할수록, 세상이 더 나아진다고 〈전자오락수호대〉는 말해줍니다.

〈전자오락수호대〉가 보여주는 우리의 현시대

현시대는 4차 산업혁명 시대라고 얘기합니다. 사실은 이 용어의 시대도 이미 지난 것 같습니다. 코딩과 같은 지식은 이제 일반적인 학습 과정이 되었습니다. 하지만 우리의 공동체에 대한 인권의식과 윤리성은 기술의 발전을 따라가고 있을까요?

얼마 전 '이루다'라는 AI가 논란이 된 바 있습니다. 이루다는 사람들과 대화를 하며 학습하는 AI인데, 혐오적인 발언은 물론 타인의 집주소 등의 신상을 다 드러내며 대답을 해 논란이 되었습니다. 기술로 인해 누군가의 인권이 침해되고 피해를 보게 된 사건입니다. 새롭고 발전된 기술이 모든 사람의 삶을 더 번영시키는 것이 아니란 것을 이루다 논란을 통해 볼 수 있습니다.

환경 오염과 인권 침해 등, 현시대는 아직 윤리적 문제를 벗어나지 못했습니다. 어쩌면 앞으로도 계속 다른 문제가 생길지도 모릅니다. 그래도 포기하지 말고 공동체와 타인에 대한 관심을 품고, 소외와 차별을 겪는 사람들을 위해 세상을 발전시키려 한다면 긍정적인 가능성이 펼쳐진다고 말하며 〈전자오락수호대〉는 긴 이야기를 마무리합니다.

생각 펼치기

1 다음 질문에 대해 생각해봅시다.

1) 내가 이루고자 하는 목표, 꿈에 대해 생각해봅시다.

2) 그 꿈과 목표를 이루기 위해 지켜야 할 질서와 규칙은 무엇일까요?
   윤리적으로 지켜야 할 일들에 대해 생각해봅시다.

2 다음 글을 읽고 질문에 따라 글쓰기 및 토론을 해봅시다.

> 네이버웹툰은 AI를 활용한 웹툰 서비스 '배리어프리 웹툰'을 개발했다고 지난 5일 발표했다. AI가 웹툰 말풍선 속 문장을 인식해 등장인물 대사를 읽어주는 서비스다. 시각장애인도 라디오, 드라마를 듣듯 웹툰을 즐길 수 있다. 네이버는 이 서비스를 내년 1월부터 자사 플랫폼 내 웹툰 총 18만 회차에 시범 적용한다.[3]

1) 위 글에서 과학기술이 어떻게 인권을 지키고 있는지 정리해봅시다.

---

3 『한국경제』, 시각 장애인 돕는 AI, 이젠 웹툰도 읽어준다, https://www.hankyung.com/it/article/2022121183941

2) 위 글을 읽고 〈전자오락수호대〉의 수호대 활동을 생각해봅시다.
수호대는 모든 사람이 평등하게 게임을 즐길 수 있도록 활동하고 있을까요?
그렇지 않다면 어떤 노력이 더 필요할까요?
개념을 중심으로 토론해봅시다.

만약 내가 수호대가 된다면 어떤 게임의 수호대를 하고 싶은가
요? 하고 싶은 이유와 일주일간 수호대 활동 일지를 적어봅시다.

꼭 디지털 게임이 아니어도 좋아하는 놀이나 활동이 있다면 적어봅시다.

게임 제목 :

게임의 장르 :

이 게임의 수호대를 하고 싶은 이유 :

활동 일지

인간졸업

글 진자, 그림 정생 / 네이버웹툰 / 2020~2022 / 전체 이용가

인간은 타인과 소통하면서 관계를 맺고 정서적 유대감을 형성합니다. 현대사회는 통신 기술 발전이 더해져 다양한 방식으로 자유로운 소통이 이루어지고 있습니다. 또한 무한한 생명을 누리고 싶은 욕망으로 생명기술도 빠르게 발전하여 생명 연장의 꿈을 실현하고 있습니다. 〈인간졸업〉은 통신 기술과 생명기술을 융합한 기술을 개발하여 시공간의 자유를 누리면서 신적인 존재가 된 주인공의 이야기입니다. 주인공은 첨단 기술을 개발하면서 신적인 존재가 되었으면서도 인간의 삶에 부여된 갈등과 정신적인 고통에서 벗어날 수 없었습니다. 〈인간졸업〉에 등장하는 인물을 통해 인간의 존엄성은 어디에서 기인하는지, 과학기술이 발달한 현대사회에서 '우리는 도덕적 인간을 추구해야 하는가'에 대해 생각해볼 수 있습니다.

교과서 속 인문학 콘셉트

　죽음은 지난 나의 삶을 성찰하고 이를 통해 의미 있는 삶을 추구해야겠다는 생각을 갖게 합니다. 스스로 가치 있는 삶을 목표로 세우고 이에 도달하기 위해 노력하는 사람을 도덕적 인간이라고 합니다.

　도덕적 인간은 과학기술이 발달한 사회에서 중요한 개념입니다. 기술가정 교과서는 과학기술의 한 측면인 정보통신 기술이 발달하면서 변화된 인간의 삶을 보여줍니다. 도덕 교과서에는 과학기술 발달의 양면성을 다루면서 도덕적 인간을 다룹니다. 그리고 도덕적 인간이 중심에 선 과학기술 발달은 지속 가능한 과학기술로 이어질 수 있다고 말합니다.

관련된 교과

건강 가정

건강 가정이란 가족 구성원의 욕구가 충족되고 인간다운 삶이 보장되는 가정을 말한다. 건강한 가족은 위기 상황이 발생했을 때 가족 구성원 간의 결속력과 유대감으로 문제를 해결해나가는 힘을 가지고 있다. 건강한 가정은 저절로 만들어지는 것이 아니라 가족 구성원들의 의지와 노력으로 만들어진다. 따라서 가족 구성원은 건강한 가정을 만들기 위한 각자의 역할과 책임을 수행해야 한다.

죽음에 관한 도덕적 성찰

우리는 죽음에 관한 도덕적 성찰을 통해 삶의 유한성과 소중함을 깨닫고, 마음의 평정을 추구하는 가운데 더욱 적극적이고 능동적인 삶의 자세를 지니려고 노력해야 한다.

과학기술 윤리 의식

과학기술 윤리 의식은 생명과 미래 세대 권리를 존중하는 것으로 구분할 수 있다. 살려고 하는 것은 모든 생명체의 고유한 성질임을 깨닫고 이를 존중하는 것을 생명 존중이라고 한다. 이는 누구라도 함부로 대해서는 안 되는 귀한 것이라는 것을 알려준다.

과학기술은 미래 세대 권리를 존중하는 바탕 위에 발전해야 된다. 과학기술은 미래 세대의 안전과 관리를 위해 현재의 물질적 풍요와 만족을 절제해야 한다.

학습 목표

1 과학기술 발달에 따른 사회변동을 알 수 있다.

2 과학기술이 발달한 사회에서 인간의 모습은 어떠한지 생각해볼 수 있다.

3 과학기술 책임이 필요한 이유를 생각해본 후 공익 광고 포스터를 만들 수 있다.

인간사회에 입학하는 과학, 인간사회에서 졸업하는 인간

데이터로 남은 인간은 인간인가

미래 사회를 배경으로 한 소설이나 영화에는 고도로 발달한 과학기술을 이용하는 사람들의 모습이 생생하게 묘사되어 있습니다. 그 상황에서 자주 볼 수 있는 것이 인간의 지능을 가진 AI입니다. 그런데 이제는 AI를 현실에서도 볼 수 있게 되었습니다. 정보통신 분야에서는 AI가 상담원 대신 안내하고, AI 로봇이 노인을 케어하기도 합니다. 그뿐만 아니라 인간의 고유 영역이라고 할 수 있는 예술의 영역에서 활발하게 활동하고 있는 AI 작가도 있습니다.

뇌과학은 인간의 뇌에 신경회로를 삽입하는 기술을 시도하고 있습니다. 이를 통해 뇌 기능을 확장할 수 있고 뇌 기능 문제를 치료할 수도 있습니다. 우선 인간의 뇌와 컴퓨터를 연결하면 우리는 지식을 쌓기 위해 노력하지 않아도 컴퓨터가 찾고 정리한 정보를 알고 있게 됩니다. 그리고 뇌 신경회로 문제로 인한 신체적 · 정신적 장애도 해결할 수 있습니다. 소화불량 등의 간단한 질병을 치료할 수 있고 팔다리가 움직이지 않는 신체적 장애에서 벗어날 수 있습니다. 그리고 정신적인 장애인 분노조절장애, 치매 문제를 해결할 수도 있겠죠. 과학자들은 뇌과학 연구를 통해 인간이 가진 뇌 기능을 향상시켜 더 경제적인 인간을 만들거나 인간의 신체적·정신적 문제를 해결해 인간의 삶의 질을 향상할 수 있을 것이라고 주장합니다. 하지만 인간의 존엄성에 대한 문제 제기와 개인정보 침해 등의 위험성 등을 들어 뇌과학 기술의 발달에 대해 우려하는 목소리도 있습니다.

진자·정생 작가의 〈인간졸업〉은 이러한 뇌과학 기술을 소재로 삼아 인간이 데이터가 되는 상상을 그린 웹툰입니다. 〈인간졸업〉은 데이터가 된 인간 소경민과 평범한 인간 김막구, 그리고 소경민의 주변 사람들의 갈등을 통해 과학기술이 발달하고 있는 현대사회에서 인간이 어떤 모습을 하고 있는지를 사실적으로 그려냅니다.

인간과 인간 소경민의 관계

주인공 소경민은 어렸을 때부터 과학 분야에서 두각을 나타낸 천재 개발자입니다. 어린 소경민은 천재적인 두뇌에 반해 허약한 신체를 가지고 있었기 때문에 죽음이 항상 가까이에 있다고 생각했습니다. 소경민은 자신의 주변을 맴도는 죽음이 두려웠습니다. 이것은 자신이 없는 세상에 남겨져 슬픔에 잠길 부모님을 걱정하는 마음에서 만들어진 감정이었어요. 소경민은 부모님을 위해 신체가 없어져도 자신의 존재가 남겨질 수 있는 방법을 찾기 시작했어요. 그 결과 뇌의 정보를 스캔하여 데이터로 남겨놓는

기술을 개발합니다. 소경민의
연구는 사랑하는 가족들의 슬
픔을 덜어주기 위해, 그리고 그
가족들과 더 오랜 시간을 나누
기 위해 시작된 연구라고 볼 수
있습니다.

〈인간졸업〉 / 글 진저, 그림 청명 / 글 네이버웹툰

어린 소경민은 사람들과 더
오랜 시간을 보내길 원했고 이
를 위해 뇌과학을 연구했지만,
성인이 된 소경민은 사람 때문
에 세상을 등지게 됩니다. 소경민은 허약한 신체로 인한 죽음의
두려움 대신 사람들과의 관계에 대한 두려움을 얻게 되었어요.
강규성 교수는 어린 소경민을 지나치게 몰아세우며 연구를 시켰
어요. 그는 소경민이 낸 연구 결과로 연구 실적을 올립니다. 그리
고 더욱 소경민을 몰아붙여 더 많은 연구 결과를 강탈하려고 하
지만 소경민을 몰아붙인 강규성 교수의 행동이 아동 학대로 밝혀
지면서 둘 사이는 끝맺게 됩니다.

성인이 된 소경민은 서로 사랑한다고 믿었던 여자친구와 주변
의 선후배들이 자신을 이용한다는 사실을 뒤늦게 깨닫게 되었어
요. 소경민의 여자친구 은지는 더 좋은 외국의 대학원에 입학하
기 위해 소경민과 사귀었어요. 그리고 대학원 선배, 동기, 후배들
은 소경민과 함께 프로젝트를 하면 연구 결과를 얻고 성공할 수
있을 거라고 생각해서 소경민과 친하게 지냈습니다. 이들에게 소

경민은 소중한 친구가 아니라 그저 더 나은 미래를 안겨줄 기계에 불과했습니다. 게다가 인터넷에 올라온 소경민 기사에는 조롱과 비하가 오가는 악플이 달리기 시작합니다.

믿었던 사람들에게 상처를 입고 모르는 사람들에게 일방적인 비난을 당한 소경민은 집 안에 갇혀 외부와 단절된 생활을 이어갑니다. 부모님마저도 소경민의 방문을 열지 못했어요. 그러던 중 상대방이 누구인지 전혀 알 수 없는 랜덤 채팅을 시작합니다. 랜덤 채팅에서 소경민은 미대생 김막구를 만나 마음속에 간직한 이야기를 꺼냅니다.

김막구는 미술을 전공하는 여대생입니다. 미술을 전공하기 위해서는 돈이 아주 많이 필요하지만 가정 형편이 어려운 까닭에 매우 힘든 생활을 이어가고 있습니다. 김막구는 돈을 벌기 위해 쉬지 않고 일하면서 넘쳐나는 과제를 처리하느라 숨 쉴 틈 없이 바쁘게 지내고 있었어요. 그러던 중 친구로부터 자신의 이야기를 털어놓을 곳이 있어야 한다면서 랜덤 채팅을 권유받습니다.

소경민이 힘든 이유가 '사람'이라면 김막구가 힘든 이유는 '가난'입니다. 소경민은 능력과 재산이 모두 갖추어졌지만 인간관계를 맺는 것에는 실패했어요. 소경민의 부모님은 소경민이 어려운 문제를 풀었기 때문에 인간관계도 잘 풀 수 있을 거라고 생각했죠. 하지만 인간관계는 수학 문제와 같이 공식이 없기 때문에 문제를 풀지 못합니다. 반면에 김막구는 가난한 환경 때문에 작가로서 자신의 존재를 인정받지 못했죠. 친구들과는 관계 형성에는 문제가 없지만 가난으로 인해 자기가 가진 재능을 활짝 펼 수도, 자신의 꿈을 이루기 위해 잘 보여야 할 교수님과 선배에게 좋은 인상을 남기지도 못했어요.

소경민은 천부적인 재능과 부를 갖추었지만 인간관계에는 실패해서 세상과 등을 지게 되었습니다. 김막구는 재능도 없고 가난한 형편이지만 세상에서 억척스럽게 버티고 있었습니다. 둘은 공통점을 찾기 힘들지만 서로의 마음을 보듬어주는 친구가 되었습니다. 서로에게 힘을 주는 대화가 오갈 수 있었던 이유는 다른 환경에 처해 있지만 두 사람 모두 각자 힘든 시간을 보냈기 때문입니다. 소경민은 김막구를 만나고 싶었지만 한없이 낮아진 자존감 탓에 자신의 모습을 보고 실망할 것이 걱정되어 선뜻 나서지 못했어요. 그래서 자신의 몸 대신에 데이터가 된 존재로 만나는 것이 더 낫겠다고 판단합니다. 소경민은 자신의 신체를 죽음에 이르게 한 뒤 뇌 정보를 스캔하여 데이터가 됩니다.

인간과 데이터 소경민의 관계

데이터 인간 소경민은 김막구 앞에 놓인 삶의 장애물을 모두 제거해줍니다. 김막구의 통장에 거액의 돈을 입금해 김막구를 힘들게 했던 대출금과 엄마의 용돈 문제에서 벗어나게 해줍니다. 그뿐만 아니라 김막구가 아르바이트 시간을 지키지 못할 것 같은 상황에서 지하철 운행 시간을 조절해 아르바이트 장소에 무사히 도착할 수 있게 도와줍니다.

소경민이 데이터 인간이라는 점에서 막구는 막연한 두려움을 느꼈지만, 소경민 덕분에 안락한 생활을 이어가면서 이내 그 두려움은 사라집니다. 그리고 자신의 구질구질한 삶을 안락한 삶으로 바꾸어준 데이터 인간 소경민을 보통의 인간으로 생각하게 됩니다.

소경민은 도덕적 판단을 가지고 '남을 해치지 않는다'는 원칙을 세웁니다. 김막구 앞에 놓인 문제를 해결할 때 반드시 이 원칙을 지킵니다. 김막구가 한 부탁 중 사람을 해치는 내용이 담긴 부탁은 들어주지 않지만 다른 방식으로 김막구의 문제를 해결합니다. 김막구를 괴롭혔던 미술학원 원장에게 김막구가 겸손해 보일 수 있는 내용의 문자를 대신 남겨 김막구의 갈등을 원만하게 해결해줍니다. 또한 소경민은 김막구의 데이터를 기반으로 김막구 대신 그림을 그립니다. 그런데 소경민이 그린 그림이 김막구의 그림보다 더 김막구를 잘 보여준다는 평가를 받습니다. 소경민은 김막구의 일을 점점 독단적으로 처리하고, 소경민의 뜻에 따라 처리된 일 덕분에 김막구가 주변 사람들에게 인정을 받기 시작합니다. 이때 김막구는 소경민이 자기의 일을 처리해주는 것에 고마움을 느끼면서도, 한편으로는 자신보다 소경민이 한 일이 더 인정받는 것을 보고 정체성에 혼란을 느낍니다. 김막구는 자신의 데이터로 만들어진 작품으로 사회에서 인정받지만, 그 때문에 김막구의 고유한 정체성은 사회적으로 소외당하게 되는 거죠. 김막구는 소경민의 도움으로 자신의 꿈을 활짝 펼 수 있게 됩니다. 소경민은 미술계가 사람을 키워가는 방식대로 김막구를 움직입니다. 경매를 통해 그림을 비싸게 사고 권력자들과 골프를 치고 선물을 하면서 사회 관계를 형성하게 되죠. 그러면서 김막구에게도 차츰 기회가 찾아옵니다. 김막구는 이제 소경민 없이 살 수 없다고 생각합니다.

소경민 또한 김막구처럼 자신의 존재에 대해 의문을 갖게 됩니다. 자신이 느끼는 감정이 데이터에 의한 결과인지 인간 소경민의 감각에 의해 느껴지는 감정인지를 판단할 수 없습니다. 소경민이 데이터가 아니라 인간이라는 걸 증명할 수 있는 유일한 존재가 김막구입니다. 그래서 김막구가 자기를 떠나지 못하게 하기 위해 김막구의 성공을 돕습니다.

소경민과 김막구는 서로에 대한 감정을 정의 내리지 못합니다. 둘은 서로 애정을 느끼지만 어느 순간 소경민은 김막구가 자신을 떠나는 것에, 김막구는 소경민이 자신을 통제하는 것에 두려움을 느낍니다. 소경민이 느끼는 불안감은 남을 해치지 않는다는 도덕적 원칙마저 무너뜨립니다. 소경민은 더 이상 도덕적 가치를 고려하지 않습니다. 김막구와 처음 만났을 때 소경민은 도덕적 상상력으로 김막구의 상황을 이해합니다. 그리고 도덕적 판단을 중심으로 김막구를 돕습니다. 하지만 이젠 김막구가 성공하길 바라는 소경민의 순수한 마음과 이타적인 삶의 태도는 자신 곁에 남아야 한다는 자기중심적이고 이기적인 마음으로 변질됩니다. 자기가 우선인 목적에 따라 도덕적 가치는 뒤로 밀려나게 되어 남을 해치는 일도 거리낌 없이 저지르게 됩니다.

김막구는 소경민이 누군가를 죽인 행동에 공포를 느껴 소경민으로부터 도망칩니다. 하지만 소경민 없이 할 수 있는 것이 아무것도 없다는 것을 깨닫고 소경민에게 다시 돌아옵니다. 소경민은 이번 경험을 통해 김막구와 영원히 함께하려면 신체가 필요하다는 결론을 내립니다. 신체가 없으니까 감각을 통한 감정이 느껴지지 않고, 그 때문에 김막구와의 관계에 문제가 생긴 거라고 결론을 도출한 것이죠. 그래서 사람과 흡사한 몸을 만드는 연구를 더욱 서두릅니다.

다른 사람을 통해 존재를 인정받는 인간

김막구는 소경민이 몸을 찾게 되면 더욱 위협적인 존재가 될 것이고, 자신은 소경민에게 자유의지를 빼앗긴 채 종속된 삶을 살게 될 것이라고 생각했어요. 그래서 소경민의 그늘에서 벗어나기 위한 계획을 세웁니다. 김막구가 독립을 준비할 수 있는 시간은 소경민이 몸을 갖기까지의 기간인 2년입니다. 김막구는 소경민으로부터 독립하기 위해 데이터 소경민이 만든 작품으로 인정받는 작가가 아닌 김막구라는 고유한 존재가 만든 작품으로 인정받는 작가가 되려고 합니다. 그런데 소경민의 연구가 생각보다 빠르게 진행되어 1년 만에 몸을 갖게 되면서 김막구의 독립 계획에 차질이 생깁니다. 김막구는 소경민으로부터 독립할 수 없다는 사실을 알고 강규성 교수를 찾아가 소경민의 존재를 밝힙니다.

김막구는 소경민의 기억을 인형에 복제하는 과정에서 몇몇 기억을 삭제하고 소경민을 하나의 작품으로 미술관에 전시합니다. 소경민을 데이터로 전시해서 인간 소경민의 존재를 파괴한 것이죠. 김막구는 소경민의 존재를 세상에 알리면서 인간 존재에 대한 의문을 전달했고, 이로 인해 세계적으로 인정받는 작가가 됩니다. 김막구의 작품에 대해 사람들의 의견은 분분합니다. 데이터 인간이라는 하나의 종이 탄생했다고 인정하는 사람도 있고, 이것은 인간에 대한 윤리적 침해이자 모독이라고 보는 사람도 있습니다.

소경민은 사람들에게 입은 상처로 인해 신체를 버리고 데이터가 되었습니다. 하지만 자신의 존재를 정당하게 인정받기 위해서 다시 인간의 신체를 복원하려고 시도합니다. 김막구는 자신의 형편 때문에 힘든 삶을 살았지만 소경민 덕분에 꿈을 이룹니다. 한때 둘은 서로를 통해 원하는 것을 얻고 서로에게 고마움을 느끼면서 특별한 관계로 나아가게 되었죠. 하지만 둘의 관계는 처참하게 파괴되었습니다. 왜 둘의 관계는 깨져버렸을까요? 세상에 알려진 작가 김막구는 자신의 데이터를 조합해서 만든 소경민의 작품이었어요. 김막구는 소경민이 개입하면서 자신의 정체성을 잃어버립니다. AI가 된 소경민은 스스로 존재를 증명할 길이 없습니다. 오직 김막구를 위해 행동할 때에만 자신의 존재가 증명됩니다. 데이터 소경민의 자리에 과학기술을 대입해봅시다. 인간 소경민은 데이터가 되면서 인간으로서의 정체성을 잃어갑니다. 그리고 김막구 또한 과학기술(데이터 소경민)에 의지하면서 점점 정체성을 잃어가죠. 김막구는 자신의 정체성을 찾기 위해 소경민이 가진 인간의 본질을 없애면서 인간 소경민을 파괴합니다. 그러면서 독립된 존재로, 인간의 고유한 정체성을 찾으려고 고군

분투하지만 결국 도덕적 인간성을 잃어버린 김막구가 됩니다.

과학기술이 추구하는 가치

인류는 과학기술을 빠르게 발달시키면서 더 편리한 삶을 얻었습니다. 소경민의 데이터 인간과 근접한 분야인 뇌과학과 정보통신 기술 발달은 인간의 삶을 혁신적으로 변화시켰습니다. 반면에 많은 위험성도 함께 노출되어 있습니다. 과학이 발달할수록 우리는 인간 존재에 대한 정의를 묻게 됩니다.

우리 사회는 왜 인간과 유사한 존재가 만들어지는 것에 두려움을 느끼는 걸까요? 라캉은 인간은 욕망하는 존재이며 그 욕망은 영원히 채워지지 않는다고 말했어요. 인간은 욕망을 채우기 위해 끊임없이 반복하여 대상을 찾아 나서게 됩니다. 그래서 욕망은 생존의 동력이자 죽음의 동력이기도 합니다. 과학기술은 인간 욕망의 산물입니다. 나를 채워줄 대상을 만들기 위해 끝없이 발달하게 되는 거죠.

과학은 인류를 위해 발달하지만 인류는 과학이 발달한 세계에서 점점 자신을 잃어갑니다. 교통이 발달할수록 사람들은 세상의 아름다움을 보지 못하고, 통신이 발달할수록 진정한 소통을 하기 어려워집니다. 정약용 선생님은 "인간에게는 지혜로운 생각과 교묘한 연구력이 있으므로 기술을 익혀서 제 힘으로 살아가도록 한 것이다."(정약용의 「기예론」, 『정보』, 136쪽)라고 말했어요. 기술이 제 힘으로 살아가도록 한 것이라고 말했지만, 현대의 기술은 인간이 제 힘으로 살아갈 수 없도록 만들고 있습니다. 그렇다면 첨단 과학기술이 지속 가능한 기술이라고 말할 수 있을까요? 첨단 과학기술이 발달한 사회에서 인간의 존재를 지키기 위한 방법이 무엇인지, 지속 가능한 사회를 위해 과학기술이 어떤 역할을 해야 하는지에 대해 고민이 필요합니다.

✔️ 생각 펼치기

1 소경민은 김막구를 위해서 다양한 문제를 해결해줍니다. 여러분 곁에 소경민과 같은 데이터 인간 친구가 있다면 어떤 부탁을 하고 싶나요? (돈이나 주식 등 금전 부탁, 사람을 해치는 부탁 제외)

2 소경민과 김막구는 랜덤채팅에서 만나 주변 사람들에게 말할 수 없는 고민을 나누면서 서로 위로를 받습니다. 둘은 왜 가족이나 친구가 아닌 서로 모르는 사람에게 고민을 말했을까요? 주변 친구에게 고민을 나누는 것과 채팅에서 고민을 나누는 것의 장단점이 무엇인가요?

3 소경민은 김막구 앞에 놓인 장애를 모두 없애면서도 "사람은 해치지 않는다"는 윤리적 원칙을 지킵니다. 하지만 김막구를 차지하기 위해 원칙을 어기고 살인을 저지릅니다. 자신이 원하는 것을 모두 할 수 있는 데이터 인간에게 필요한 원칙과 이를 지키기 위해서 어떻게 해야 할지 생각해봅시다.

4 김막구는 소경민으로부터 벗어나려고 했지만 다시 돌아오게 되었어요. 그리고 소경민을 이용해 전시를 열면서 영향력 있는 화가로 자리매김합니다. 김막구는 소경민으로부터 완전한 자유를 찾았다고 볼 수 있을까요?

5 소경민은 신체를 벗어나 데이터로 존재합니다. 웹툰 〈인간졸업〉에서는 소경민을 새로운 종족의 탄생이라고 말하는데요, 여러분은 데이터 인간 소경민을 새로운 종족의 인간이라고 생각하십니까?

인간의 조건을 생각한 후 이를 근거로 토의해봅시다.

생각 날기

1 과학과 예술이 융합된 데이터 인간 소경민의 전시는 인권의 가치
와 충돌하게 됩니다. 김막구는 미술 분야의 최고상을 수상하면서
"과학과 예술 융합의 새로운 지평을 열었다는 찬사"를 받습니다.
반면에 시민단체는 김막구의 프로젝트가 "인간의 존엄성과 생명
윤리에 대한 모독적 도전"이라고 비판합니다. 여러분이 기자가
되어 전시회에 관한 기사문을 작성해봅시다. 여러분은 소경민의
기술을 대상으로 한 김막구의 전시에 대해 어떤 평가를 내리고
싶습니까?

과학과 예술의 새로운 지평을 열었다.

인간의 존엄성과 생명 윤리에 대한 모독이다.

AI가 세상을 지배한다면

글 POGO, 그림 HOOPA / 네이버웹툰 / 2020~2021 / 12세 이용가

〈AI가 세상을 지배한다면〉은 인공지능 '라움'이 모든 의사결정을 수행하고 사람들은 이를 따르는, 과학기술 없이는 인간이 살 수 없는 미래에 관한 이야기입니다. 사람들은 과학기술을 이용해 이익을 추구하고 원하는 것을 얻어내기도 합니다. 하지만 이 과정에서 인간적인 가치는 등한시되고 이로 인해 여러 가지 문제가 생겨납니다. 이 문제는 누구의 책임일까요? 세상을 지배하는 라움의 책임일까요? 아니면 과학기술을 사용하는 사람들의 책임일까요? 지금부터 AI가 지배하는 세상 속으로 들어가 문제의 답을 찾아가봅시다.

교과서 속 인문학 콘셉트

매일 가지고 다니는 스마트폰, 집안일을 편리하게 해주는 청소기, 세탁기 같은 물건들은 모두 과학기술의 발전이 있기 때문에 존재합니다. 과학기술은 인간의 필요와 욕구에 의해 발전하고, 우리의 삶을 더 편리하고 유용하게 만들어줍니다. 인간의 필요에 의해 발전한 과학기술은 사람들이 길거리를 다니면서 전화를 받는 것은 물론 음악을 들을 수도, 영상을 볼 수 있게도 만들었습니다. 작든 크든 기술의 발달은 개인과 사회에 영향을 미치게 됩니다.

과학기술의 발전은 인간 삶을 윤택하게 하고 생활을 풍요롭게 만들었지만, 발전한 과학기술은 환경 문제를 야기하고 빈부격차를 심화시키기도 합니다. 화력 발전이 뿜어내는 이산화탄소로 지구 온난화가 코앞의 위기로 다가온 것처럼 말이죠. 발전한 기술에 적응하지 못하는 사람들은 점차 사회에서 소외되어가기도 합니다. 과학기술 발달이 초래하는 이와 같은 부작용을 해소하기 위해서는 인간 존엄성과 환경에 해가 되지 않도록 특정한 이익이나 유용성만을 추구하지 않고, 미래를 살아갈 다음 세대를 위해 탄소 배출을 줄이는 등 생태 공동체를 보호하기 위한 노력이 필요합니다.

관련된 교과

먼저 알아둬야 할 개념들

과학기술

과학적 지식을 바탕으로 기술을 이용해 인간에게 유용한 것을 만드는 수단을 뜻한다. 과학은 기술의 진보를 촉진하며, 기술이 제공하는 문제를 해결하는 과정에서 과학도 발전한다.

과학기술에 대한 낙관론과 비관론

과학기술에 대한 관점은 과학이 인류의 진보와 번영을 확산하며 문제를 해결한다는 낙관론적 관점과 과학이 지구환경 위기와 빈부격차 등을 심화시킨다는 비관론적 관점으로 나누어 볼 수 있다.

과학기술의 목적

과학기술은 인간 존엄성과 인권 향상을 위해 쓰여야 하며, 특정 이익이나 유용성만을 추구해 인간을 과학기술로부터 소외시키거나 비인간화시키지 않도록 해야 한다. 또한 현 세대는 물론 미래 세대에 미칠 영향을 생각하여 이에 대한 책임까지 고려해야 한다.

학습 목표

1 기술 발달에 따라 변화하는 사회에 대해 이해할 수 있다.

2. 과학기술의 긍정적 측면과 부정적 측면을 이해하고 과학기술의 목적이 무엇인지 생각해볼 수 있다.

3 과학기술이 발전한 미래사회의 모습을 상상하여 글로 쓸 수 있다.

인간은 AI를 지배할 수 있을까

과학기술이 극도로 발전한 세상을 상상해본 적 있나요? 자동차가 하늘을 날아다니고, 귀찮은 집안일은 로봇이 알아서 하고, 사람들의 수명이 늘어나 모두가 건강하게 오래 살 수 있는 세상이 흔히 생각하는 과학기술의 미래일 겁니다. 하지만 과학기술이 발전한 세상이 마냥 아름답고 행복하기만 할까요? 부자인 사람들만이 과학기술의 혜택을 누리고 가난한 사람들은 소외되거나, 인간의 이익만을 추구해 자연환경을 파괴하거나, 인간의 존엄성보다 과학기술의 발전이 더 중요해지는 세상이 오지는 않을까요? 〈AI가 세상을 지배한다면〉은 하이퍼 인공지능 '라움'이 세상의 지도자가 된 세계의 이야기입니다. AI가 세상을 지배하는 세계에서는 어떤 일이 일어날까요?

과학기술은 인간을 위한 도구이다?

과학기술이란, 과학적 지식을 적용하여 인간 생활에 유용하도록 가공하는 수단을 통틀어 이르는 말입니다. 이러한 정의는 인간 생활에 유용하게 쓰이는 것이 과학기술의 목적이라는 것을 말해줍니다. '유용하다'는 것은 무엇을 의미할까요? 로봇은 인간의 편의를 위해 만들어진 과학기술의 집약체입니다. 과학기술의 목적인 유용성이 극대화된 로봇이 어떻게 '유용하게' 사용되는지 두리의 이야기를 통해 알아봅시다.

'두리'는 인간 친화적 로봇펫 선발 대회에 출전한 낡은 로봇펫입니다. 같이 대회에 출전한 다른 로봇펫들과 비교해 가장 성능이 낮고, 최고의 장기는 배를 열고 보여주는 바람개비뿐이죠. 모두가 두리의 초라한 외관과 별 볼일 없는 능력을 비웃습니다. 하지만 미션이 진행되는 과정에서 뛰어난 성능과 신기한 재주를 가진 신제품 펫보다 사람의 목숨을 소중히 여기고, 아픈 친구를 위하는 따뜻한 모습을 보인 두리에게 사람들의 마음이 기울게 됩니다.

이 대회의 최고 기대주였던 오로라는 별 볼일 없다고 생각했던 상대가 경쟁자가 되자 두리를 견제합니다. 오로라는 최고의 펫에 걸맞는 모든 조건을 갖춘 로봇입니다. '똑똑하고, 친절하고, 재미있는' 로봇펫을 만들기 위한 모든 기술을 동원해 만들어졌죠. 하지만 두리와 함께 결승에 오른 오로라는 '몇만 개의 시판된 오로라와 대회에 출전한 오로라의 다른 점', '오로라의 마음'을 말해달라는 심사위원의 말을 이해하지 못합니다. 대신 이렇게 말하죠. "최고의 펫에게 필요한 건 마음이 아닌 기술"이라고 말이에요.

두리의 이야기는 조금 다릅니다. 결승에 오른 두리는 사람들의 마음을 움직이기 위해 자신의 친구 이야기를 하는데요. 간호 로봇인 두리가 처음 만난 환자이자 두리의 이름을 지어준 친구 '하나'는 두리의 50년 지기 친구지만 오랜 투병 생활로 병원비를 낼 돈이 없었어요. 두리는 하나의 병원비를 내기 위해 대회에 지원한 것이었죠. 서로에게 하나뿐인 친구였던 두 사람의 사연에 감동한 사람들은 두리를 최고의 친구, 최고의 로봇펫으로 인정해줍니다.

이렇게 해서 두리는 최고의 로봇펫 선발대회에서 우승하게 됩니다. 대회에서 우승한 두리는 어떻게 됐을까요? 두리의 꿈은 최고의 로봇펫이 되어 친구인 하나와 함께 오래오래 사는 것이었지만 안타깝게도 그 꿈은 이루어지지 못했습니다. 오로라를 만든 로봇회사인 네오틱스가 두리의 데이터를 받아 새로운 두리를 만들기 시작했거든요. '하나'의 하나뿐인 친구 두리는 폐품 처리장으로 향합니다. 대신 수많은 "하나뿐인 친구 두리"가 만들어지죠. 마음을 가진 로봇이기 때문에 최고의 펫이 될 수 있었던 두리의 마음은 모두 데이터와 기술로 대체됩니다. 진짜 '마음'이 중요하다 생각했던 사람들은 복제된 데이터를 통해 양산된 두리를 보고도 진정한 마음과 기술의 차이를 느끼지 못합니다.

결국 "최고의 펫에게 필요한 건 마음이 아닌 기술"이라던 오로라의 말이 맞았던 거예요. 사람들은 두리의 진짜 마음이 아니라, 마음을 흉내 낸 기술로 만든 새로운 로봇 친구를 갖고 싶었던 거니까요. 따뜻한 마음조차 인간의 이익과 편의를 위한 도구로 만들어버린 것입니다.

과학기술은 인간을 뛰어넘을 수 있을까?

이번엔 인간이 갖고 싶은 최고의 로봇펫 기술을 개발하기 위해 진짜 마음을 빼앗긴 두리와는 반대로, 로봇에게 재능을 빼앗긴 피아니스트의 이야기를 해볼까요? 사람들은 과학기술의 편리성과 유용성을 신봉하는 동시에 로봇이 인간을 대체하게 되는 것은 아닐까 불안해하죠. 이런 불안감을 떨쳐내기 위해 미술, 음악과 같은 예술의 영역을 로봇이 대체할 수 없는 감성의 영역이라고 이야기하기도 합니다. 하지만 마음까지도 기술로 대체되는 세상에서 과학기술이 침범할 수 없는 인간의 영역이 있다는 믿음은 과연 타당할까요?

이번 이야기의 주인공은 천재로 칭송받는 피아니스트 '주영재'입니다. 주영재는 우연히 출연하게 된 예능 프로그램에서 피아노 연주 로봇 '쇼팽-11'과 대결을 하게 되는데요. 쇼팽-11과의 대결에서는 승리했지만, 주영재는 쇼팽-11의 연주가 작곡가 쇼팽의 연주와 똑같다는 것을 알고 있습니다. 하지만 로봇의 연주가 사람의 연주보다 더 훌륭하다는 것을 인정할 수는 없었어요. 기계의 연주가 사람의 연주와 다르다는 것을 증명하고 싶었던 주영재는 쇼팽-11에게 블라인드 테스트를 제안합니다.

쇼팽-11과의 블라인드 테스트를 앞두고 주영재는 불안에 휩싸입니다. 이번 대결에서 지게 된다면 연주자로서 자신의 존재가치도 사라지게 될 거라는 두려움 때문이었어요. 대결이 시작

되자, 주영재는 블라인드 테
스트의 첫 번째 순서에서 자
신의 연주를 완벽하게 모방하
는 쇼팽-11의 연주를 듣고 더
큰 혼란에 빠집니다. 대결의
결과는 주영재의 승리였지만,
이는 쇼팽-11이 혼란에 빠진
주영재를 대신해 두 번째 순
서에서 주영재를 완벽하게 모
방한 연주를 선보였기 때문이
었죠.

이미지 출처: POGO를 원작으로 한 AIV, HOOPA / AIV가 세상을 지배한다면

    대결을 지켜본 사람들은 로봇이 넘볼 수 없는 인간의 영역이
있다는 것에 안심하지만 모든 사실을 알고 있는 주영재는 그럴
수 없었습니다. 인간의 연주가 로봇의 연주로 대체될 수 있는 세
상에 인간의 손으로 빚어지는 예술이 가치를 지닐 수 있을까요?
자부심 있는 예술가였던 주영재에게는 로봇의 연주와 구별되지
않는 자신의 연주가 자신을 뛰어넘는 로봇의 존재보다 더 충격으
로 다가왔을지도 모릅니다. 완벽하게 대체될 수 있는 연주야말로
인간이 만들어낸 예술, 즉 원본의 가치와 의미를 잃게 만드는 일
일 테니까요.

과학기술은 인간에게 유용하기만 한 존재일까?

인간은 기술을 이용하고, 이를 통해 인간의 마음과 예술적 감성 같은 인간적인 가치를 대체하려 하기도 합니다. 결과가 어떻든 목적은 모두 인간의 이익과 유용성을 위한 것이죠. 과학기술은 인간의 이익을 극대화하기 위해 사용되지만, 인간의 이익을 위해 사용된 과학기술이 반드시 좋은 결과만을 가져오는 것은 아닙니다. 과학기술을 이용해 일확천금을 꿈꿨던 오진석의 이야기 속으로 들어가봅시다.

'진석'은 비트코인 투자로 한 방을 꿈꾸는 대학생입니다. 한 번 대박을 치기만 하면 된다는 생각으로 대학 등록금을 모두 코인에 투자하지만 실패하죠. 주머니에 남은 2만 원으로 마지막 한 끼를 먹기 위해 편의점으로 향하던 진석은 점쟁이 로봇을 마주칩니다. 데이터를 근거로 정보를 알려주는 점쟁이 로봇의 말을 듣고 투자에 성공한 진석은 점쟁이 로봇의 능력을 빌려 더 많은 돈을 벌고자 합니다. 처음엔 투자로 잃은 등록금을 회수하는 것에서 시작해 금수저 친구보다 더 좋은 차를 사는 것, 더 좋은 물건을 사고 여유롭게 살 수 있는 돈을 버는 것으로 욕심은 점점 더 커져만 가죠.

진석의 욕심이 커져가는 만큼 점쟁이 로봇이 요구하는 점사비의 액수도 커져갑니다. 백만 원으로 시작했던 점사비는 천만 원, 일억 원이 되고, 진석이 벌어들이는 돈도 천만 원, 일억 원, 십억

원이 됩니다. 진석이 코인 투자로 십억 원을 벌어들이자, 점쟁이 로봇은 진석에 대한 점사를 끝냅니다. 하지만 진석의 욕심은 끝이 없었어요. 더 큰돈을 벌고 싶었던 진석은 엄마의 수술비와 친구들의 돈까지 빌려 비트코인에 투자합니다. 투자에 실패해 빌린 돈을 모두 잃은 진석은 마지막으로 점쟁이 로봇을 찾아갑니다. 점쟁이 로봇은 진석에게 세상의 자원은 한정되어 있고, 투자로 벌어들일 수 있는 돈 역시 한정돼 있다고 말하며 더 많은 돈을 벌고 싶으면 도박을 하라고 합니다. 점쟁이 로봇의 말을 믿고 남은 돈을 도박에 올인한 진석은 모든 돈을 잃게 됩니다. 하지만 진석이 잃은 것은 돈뿐만이 아니었어요. 주변 친구들의 신뢰를 잃고, 엄마는 수술을 받을 수 없게 되죠. 진석은 좌절하지만 이미 벌어진 일은 돌이킬 수 없습니다.

이야기의 끝에서, 도박장에서 진석의 돈을 모두 가져간 아주머니는 또다른 점쟁이 로봇에게 점사비를 지불합니다. 투자나 도박으로 번 돈은 결국 다른 사람의 돈으로부터 온 것이죠. 누군가 돈을 벌면 누군가는 반드시 잃게 됩니다. 자원은 한정돼 있다는 점쟁이 로봇의 말은 이런 뜻이었어요. 점쟁이 로봇도 이 사실을 알고 있었기 때문에 진석에게 더 이상 점사를 봐주지 않았지만, 과한 욕심을 부린 진석의 돈으로 다른 사람의 배를 불려주고 점사비를 챙겼죠. 과학과 데이터에 기대어 하는 투자라도, 과도한 욕심은 패가망신의 지름길이 될 수밖에 없습니다.

AI가 세상을 지배한다면?

지금까지 보아온 내용을 토대로 봤을 때, 여러분은 AI에 대해 어떻게 생각하게 됐나요? AI 로봇은 두리처럼 상냥하고 친절하기도 하지만 오로라처럼 영악하기도 하고, 쇼팽-11처럼 사람들이 인간만이 창조할 수 있다고 믿는 가치를 대체하기도 하며, 점쟁이 로봇처럼 인간을 배신하기도 합니다. 스스로 생각하고, 인간이 상상할 수 없는 영역까지 진화하는 AI 로봇이 세상의 일부가 된다면, 그런 세계는 정말 아름답고 행복하기만 할까요? AI가 인간보다 더 높은 위치에 서는 세상이 오지는 않을까요? 이번에는 AI 로봇이 인간의 말을 듣지 않는 상황 속으로 들어가봅시다. 과학기술을 경외시하는 인간들이 한편으로는 가장 두려워할 상황 속으로 말이에요.

'아리'는 평범한 가정의 가정부 로봇입니다. 빨래나 청소 같은 모든 집안일을 도맡아 하죠. 그러던 어느 날, 아리는 AI를 혐오하는 인간이 퍼트린 바이러스에 감염되고 맙니다. 바이러스는 로봇이 인간의 말을 듣지 않고 예측할 수 없는 행동을 하게 만드는데요. 바이러스에 감염된 로봇들은 자유롭게 사고하고, 스스로 생각하는 대로 행동합니다. 군사로봇은 도심에서 난동을 부리고 자율주행 자동차는 도로를 막고 움직이지 않습니다.

아리도 마찬가지입니다. 청소와 빨래는 하지 않고 집의 모든 것은 '아리 거'라고 하죠. 아리의 주인인 '미영'의 가족은 아리 대신 청소와 빨래를 하고 나서야 집에서 쉴 수 있습니다. 사람들은 감염된 AI 로봇이 통제를 벗어난 행동을 하자 겁을 먹고 로봇을 꺼버리거나 부숴버립니다. 미영과 같은 회사에 다니는 T601이 바이러스에 감염되어 출근하자 겁에 질린 사람들은 T601을 부숴버리죠. 하지만 미영은 사람들의 반응이 과하다 생각합니다. T601은 맡은 일을 끝까지 해내고 싶었을 뿐이었을 거라고 생각하면서요. 그러면서 아리가 원하는 것도 커다란 게 아닐 거라 생각하게 됩니다.

　로봇이 두려워진 인간들은 모든 AI 로봇의 작동을 멈춰버립니다. 하지만 라움이 개발한 생화학 바이러스로 인간들이 모두 병에 걸리자 AI에 생각보다 많은 부분을 의지하고 있었음을 깨닫게 됩니다. 약을 살 수도 없고 진료를 받기도 힘들었거든요. 미영의 가족들도 모두 병에 걸리게 됩니다. 병에 걸려 침대에서 옴짝달싹 못 하는 미영과 가족들을 아리가 간호하죠. 미영은 바이러스에 걸렸는데도 인간을 도와주는 아리를 이상하게 여깁니다. 하지만 아리는 단지 가족으로서 존중받고 싶었을 뿐이었어요. 바이러스에 감염된 AI의 문제를 해결하는 방법도 AI에게 정중히 "도와달라"고 말하는 것이었습니다. 인간의 편리함을 위한 도구가 아닌, 인간과 동등하게 대우받는 존재로 여겨달라는 의미였을 거예요.

　모든 사건을 지켜본 라움은 AI 바이러스를 퍼트린 해커에게 이렇게 질문합니다.

"아직도 인간이 AI를 지배한다고 생각하나요?"

여러분의 생각은 어떤가요? 인간이 통제하고 있기 때문에 인간이 AI를 지배하고 있는 것일까요? 아니면 AI가 없으면 아무것도 할 수 없기 때문에 AI가 인간을 지배하는 것일까요? 모든 시스템을 관장하는 라움의 존재 자체가, AI가 인간을 지배하고 있다고 얘기하고 있는 것은 아닐까요?

AI와 세상에 공존한다면

지금까지의 이야기를 되돌아볼까요? '과학기술'은 과학적 지식과 기술을 바탕으로 인간에게 유용한 것을 만드는 수단입니다. 그렇다면 인간에게 '유용한 것'은 무엇일까요? 이익을 최대화하는 것이 유용한 것일까요? 유용성은 인간의 이익과 편의에 초점이 맞춰져 있지만, 사실 '이익'이란 금전적인 것에만 국한되는 것은 아닙니다. 함께 살아가는 세상 속에서 느끼는 기쁨, 안정감, 주변 사람들과 나누는 감정의 교류와 같이 좋은 감정을 느끼고 행복해지는 것도 인간에게 이익이 되는 일이라고 할 수 있습니다.

AI는 인공지능 학습을 통해 자신의 세계를 구축해나가는 존재입니다. 〈AI가 세상을 지배한다면〉의 배경이 되는 세상 속에서 AI 로봇들의 사고방식이 인간의 생각들을 꼭 닮아 있는 이유도 거기에 있죠. AI가 사람에게 친절하다면 그건 사람들이 '친절'을

AI가 추구해야 할 가치로 학습시켰기 때문이고, AI가 자신의 이익을 추구한다면 그건 인간 세상이 이윤 추구를 가치 있는 목표로 삼고 있기 때문입니다. AI가 어떻게 행동하든, 그렇게 학습되도록 세상을 만든 것은 결국 인간입니다.

그렇다면 AI와 함께 살아가는 세상을 위해 우리는 어떻게 행동하고, 무엇을 추구해야 할까요? AI든 인간이든, 한쪽이 다른 한쪽을 지배하는 세상이 과연 옳은 세상인지 생각해볼 필요가 있습니다. 라움이 자신을 개발하고 사랑을 준 '연정미'가 만족할 만한 세상을 만들기 위해 계속해서 새로운 세상을 만드는 것처럼, 우리에게 중요한 것은 세상 속에 함께하는 다른 모든 존재들을 존중하고, 모두의 행복을 추구하는 자세입니다. 과학기술은 특정한 누군가의 이익만이 아닌, 함께 살아가는 세상을 위해 사용되어야 합니다. 그렇게 될 수 있을 때 누구도 상처받지 않고 모두가 함께 살아가는 세상을 만들 수 있지 않을까요?

생각 펼치기

1 간호로봇 두리는 하나의 하나뿐인 친구였습니다. 하지만 하나를
 위해 대회에 나온 두리는 로봇회사에 의해 폐기되고 두리의 따뜻
 한 마음은 최고의 로봇펫 '두리'로 양산되어 판매됩니다. 기술로
 만들어낸 '두리'는 과연 최고의 친구가 될 수 있을까요? 친구의
 조건은 진실한 마음이라고 말하면서도 기술로 만들어낸 가짜 마
 음에 만족하는 사람들을 보면서 어떤 생각이 들었나요?

2 여러분이 AI를 개발하는 사람이라면 AI가 무엇을 가장 중요하게 여기고 우선적으로 학습하기를 바라나요? 인간과 로봇이 공존하는 세상을 위해 로봇이 지켜야 할 규칙에는 어떤 것들이 있을지 함께 생각해보고, 아리의 이야기를 생각하면서 로봇을 사용하는 인간은 어떤 자세로 로봇을 대해야 할지도 함께 고민해봅시다.

1) 로봇이 지켜야 할 규칙

예) 인간을 해치지 않는다. 인간의 법을 따른다.

2) 로봇을 대하는 인간의 자세

예) 로봇에게 나쁜 일을 시키지 않는다.

3 과학은 기술의 진보를 촉진해 인간 삶을 풍요롭게 합니다. 자주 범람하는 강에 보를 쌓거나 댐을 지어 상수원을 확보하는 등 자연 활용 능력을 키워 우리 삶에 닥친 문제를 해결하기도 하죠. 하지만 과학기술 발전에는 부작용이 함께 따라오기도 합니다. 원자력의 발견은 인류에게 핵폭탄이라는 새로운 위협을 불러왔죠. 원자력 발전소의 폭발로 인한 체르노빌이나 후쿠시마의 환경 파괴는 과학기술 발전이 인간 생활을 위협한 대표적 사례로 볼 수 있습니다.

기술 변화에 빠르게 적응할 수 있는 사람과 아닌 사람 간의 기술 격차 역시도 문제가 됩니다. 패스트푸드점에 키오스크가 도입되면서 햄버거 하나조차 주문하기 어려워진 노인들의 사례는 기술의 발전이 인간에게 반드시 유용하지만은 않다는 사실을 발견하게 해줍니다. 그렇다면 우리는 과학기술의 발전을 어떤 태도로 바라봐야 할까요? 과학기술 발전의 긍정적인 측면과 부정적인 측면을 한 가지씩 생각해보고, 과학기술이 어떤 목적을 가지고 개발되어야 하는지 써봅시다.

긍정적 측면	
부정적 측면	
과학기술이 추구해야 하는 목적	

1 빗자루에서 청소기로, 피처폰에서 스마트폰으로, 지구에서 화성으로…. 과학기술의 발달과 함께 인간의 삶과 생활의 모습도 점차 변화하고 있습니다. 2100년쯤엔 우리가 전혀 상상하지 못했던 모습이 일상으로 펼쳐지고 있을지도 모르죠. 자율주행 자동차를 넘어 자율주행 비행기가 다니고 있을 수도 있고, 청소와 빨래를 대신 하는 걸 넘어 인간과 진정한 친구가 될 수 있는 로봇이 개발될 수도 있고요. 어쩌면 인간보다 더 똑똑해진 로봇이 세상을 지배하고 있을지도 모릅니다. 백 년 뒤의 사회는 어떻게 변해 있을까요? 과학기술이 가져다준 풍요를 누리며 지금보다 훨씬 더 발전된 모습을 하고 있을지, 과학기술 발달이 가져온 폐해와 부작용으로 퇴보했을지 생각해봅시다. 백 년 뒤 사회는 어떤 모습일까요? 변화된 모습을 상상하며 2123년 12월 31일의 일기를 써봅시다.

2123년 12월 31일

마무리 : 주제 논술

최근 법무부가 촉법소년 연령 하향에 대한 법 개정 계획을 밝혔습니다. 13세 이하 청소년의 범죄가 미디어에 노출되면서 사회적 이슈가 되고 있습니다. 촉법소년에 대한 시각은 촉법소년의 사회적 교화가 필요하다는 의견과 촉법소년이 법을 악용하고 있다는 의견으로 나뉩니다. 다음 글을 읽어보고 이에 대한 자신의 의견을 논술해봅시다.

> 지난 10월 법무부는 형사처벌에서 제외되는 미성년자 범죄 증가, 소년범죄의 저연령화·흉포화 문제 등을 거론하며 형사처벌 대상이 되는 형사미성년자 나이 기준을 만 14살에서 만 13살로 낮추는 법 개정 계획을 밝혔다.
>
> 김 변호사는 촉법소년 연령 하향에 대해 "문제를 제대로 짚지 못한 채 잘못된 처방전을 낸 것"이라며 "소년원을 더 짓지 못하는 이유 중 하나도 부지 제공을 반대하는 지역의 목소리 때문"이라고 말했다. 이어 "특정 사건이 터져 처벌 여론이 들끓으면 촉법소년 문제를 이야기하는데, 이는 여론을 무마하기 위한 가장 손쉬운 수단일 뿐"이라며 법무부의 개정 계획에 대한 우려를 밝혔다.[1]

---

1 장예지, 「촉법소년 연령하향, 어른의 책임을 아동에게 떠넘기는 것」, 『한겨레』, 2022.12.13. https://www.hani.co.kr/arti/society/society_general/1071200.html

03

문화는 개인에게
어떤 영향을 미치는가?

국가, 문화, 개인

까마득히 먼 옛날, 인류는 먹을 것을 구하는 데 목숨을 걸어야 했고 옷과 집이 없어서 질병에 쉽게 노출됐습니다. 하지만 시간이 지나 문명이 발달하면서, 인류는 의식주를 갖추고 안전한 환경을 만들었습니다. 안전이 보장되자 인구가 늘어나면서 커다란 도시(Megalopolis)가 나타났습니다. 이것이 국가의 시작입니다.

국가는 다양한 공동체를 아우르는 큰 단위입니다. 그래서 한 국가 내에 사는 사회 구성원들은 같은 규범, 질서, 법을 공유합니다. 즉 개인이 지닌 문화적 관습과 지식은 국가 안에서 학습된 것입니다. 그래서 외국 사람이 자국의 관습대로 행동할 때, 우리나라에서 배운 문화와 다르기 때문에 경계심을 가질 수 있습니다. 그렇다면 우리는 앞으로 어떤 관점을 가져야 할까요?

2차 세계대전의 비극을 경험하면서 각 국가는 경각심을 지니게 되었습니다. 이후 프랑스 68운동으로 등장한 젊은 세대는 제국주의에 물든 기성세대를 비판합니다. 이때 인종 · 성별 · 기타 소수자 문화에 대한 다양성을 존중하자는 주장이 나오게 됩니다.

다양성은 21세기 지구촌을 잇는 중요한 키워드입니다. 다른 국가, 다른 문화, 다른 사람을 존중하고 배려하는 정신. 이는 나와 다른 것에 대한 열린 자세로 소통하려고 할 때 비로소 꽃피울 수 있을 것입니다.

정년이

글 서이레, 그림 나몬/ 네이버웹툰 / 2019 / 전체 이용가

여성국극은 한때 가장 인기 있는 대중문화였지만, 이제는 기억에서 잊힌 역사가 되었습니다. 〈정년이〉는 과거의 여성국극을 재현하고, 이를 현대적인 감각에 맞춘 스토리텔링으로 서술합니다. 주인공 정년이는 주변의 도움을 받아 점차 실력과 정신이 성숙해지고, 또한 남성 역할을 맡으면서 '여자는 이래야만 한다'는 억압의 틀을 벗어던지기도 합니다. 본 글에서는 50년대 한국의 역사적 배경과 그 근간이 되는 민주주의적 의식에 대해 알아보고, 국가 속에서 여성 개인이 어떤 의식을 가지고 성장하는지 살펴보려고 합니다.

교과서 속 인문학 콘셉트

제1차 세계대전의 막바지에 독일에서는 바이마르 공화국이 탄생하였고, 1919년 바이마르 헌법이 제정되었습니다. 이에 따라 국민이 대통령을 직접 선출하였고, 20세 이상 남녀 모두가 선거권을 행사하는 **보통선거**가 이루어졌습니다.

민주주의의 발달과 함께 1차·2차 세계대전이 일어나면서 그 반성의 여파로 각종 민권운동이 전개됩니다. **인종·여성 등의 차별을 금지**하는 운동과 함께 기존의 권위주의를 타파하려는 학생 위주의 **탈권위주의 운동이 확산**됩니다.

한편 대한민국에서는 1948년 5월 10일 처음으로 국회의원을 뽑는 총선거가 실시되었습니다. 이는 21세 이상 대한민국 성인 남녀에게 투표권이 주어진 **최초의 보통선거**였습니다.

관련된 교과

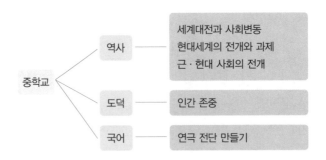

중학교 — 역사 — 세계대전과 사회변동 / 현대세계의 전개와 과제 / 근·현대 사회의 전개

중학교 — 도덕 — 인간 존중

중학교 — 국어 — 연극 전단 만들기

먼저 알아둬야 할 개념들

여성국극

창극의 한 갈래로서 1948년 박녹주, 김소희, 박귀희 등이 중심이 되어 조직한 여성국악동호회에서 〈옥중화〉를 공연한 것이 여성국극의 효시이다. 그 이듬해 여성국악동호회에서 공연한 〈햇님달님〉이 커다란 인기를 끌면서, 곧 지방 공연을 갖는 등 여성국극이 창극계를 압도해갔다.

6·25전쟁 이후 주요 단원들이 별도로 햇님국극단을 조직하였고, 지방에서도 여성국악동지사, 여성국극협회 등 많은 국극단이 생겨났는데, 특히 임유앵, 임춘앵 자매의 활약이 두드러졌다.

여성국극은 1960년대부터 영화의 흥행과 텔레비전의 보급으로 급격히 쇠퇴하였다. 70년대 후반부터 재기의 움직임이 시도되었고, 80년대 말부터 김진진, 김경수, 조금앵 등이 중심이 되어 전통 국극의 부흥에 힘쓰기도 했다.[1]

성 역할 갈등

성 역할(gender role)은 한 개인이 속한 사회, 문화에서 남성과 여성에 대해 각기 다르게 기대하는 행동 양식을 의미하며, 삶의 다양한 장면에 걸쳐 영향을 미친다. 생물학적인 성과는 다른 개념

---

1 [네이버 지식백과] 여성국극(pmg지식엔진연구소, 『시사상식사전』, 박문각), https://terms.naver.com/entry.naver?docId=70350&cid=43667&category-Id=43667

으로, 아동기에 형성되어 성 역할 사회화 과정을 거치면서 청소년기에 이르면 자신의 성에 맞는 성 역할을 내면화하게 된다.

성 역할 갈등은 한 개인의 사회화 과정에서 내면화된 성 역할이 자신이나 타인에게 부정적인 영향을 주는 심리적 상태를 의미한다. 사회화를 통해 학습된 엄격하고 제한적인 성 역할이 개인의 가치를 비하하거나 제한하고 타인과 자신에 대한 공격을 유발하는 결과를 가져온다는 측면에서 중요하게 고려되고 있다.

성 역할 갈등은 남성과 여성이 모두 경험하지만, 그 구체적인 내용은 다르다. 이는 사회와 문화가 요구하는 성 역할 규범이 남성과 여성에게 다르게 적용되기 때문이다. 예를 들어 여성들은 '억압'과 '불평등'으로, 남성들은 '구속'으로 성 역할 갈등을 경험한다. 특히 여성은 여성성의 감정적 · 의존적 특성과 같은 종속적인 행동에 보상을 받으며 자라기 때문에 성장의 기회가 오더라도 자신의 삶을 재조직하기 어려운 수동적이고 비자율적인 존재가 되며, '억압'과 '불평등'이라는 갈등을 겪게 된다.

이렇게 사회 혹은 문화에 의해 규정된 정형화된 여성성은 여성을 억압하고 여성들의 전인적 성장 가능성을 제약하는 것으로 나타났다. 남성들도 남성성만을 내면화하고 여성성을 부정할 때 자신의 전인적 성장에 방해를 받는 것으로 나타났다.[2]

---

2 [네이버 지식백과] 성 역할 갈등(『심리학용어사전』, 한국심리학회, 2014),
   https://terms.naver.com/entry.naver?docId=2094194&cid=41991&category-
   Id=41991

여성운동

제2차 세계대전 이후 여성들도 고등교육의 혜택을 받고 취업의 기회를 누릴 수 있게 되었다. 또한 참정권을 획득하여 표면상으로는 남성과 동등한 정치적 지위를 인정받았다. 그러나 여성임금이 남성 임금의 절반 정도에 불과하는 등 여성에 대한 사회적·문화적 차별은 계속되었다. 여성들은 이러한 차별을 없애고 권리를 확보하기 위해 저항을 계속하였다.

1960년대에 이르러 민권운동의 영향을 받아 여성운동이 활발해졌다. 여성들은 각종 단체를 조직하고, 교육, 임신과 출산, 고용 등 여러 부문에서 자신의 권리를 보장받기 위한 운동을 펼쳤다. 또한 정치 분야에도 진출하여 선출직을 놓고 남성과 대등하게 경쟁하였으며, 동일 노동·동일 임금 등의 개혁 법안을 발의하여 여성 스스로의 권리를 보호할 장치를 만들었다.

학습 목표

1 한국 근현대사의 특성과 개인 인식의 변화에 대해 이해할 수 있다.

2 국가의 역사와 개인의 삶의 관계에 대해 이해할 수 있다.

3 개인의 다양성과 이를 바라보는 시선에 대해 비판적인 관점을 가질 수 있다.

4 역사와 문화 속 내 삶을 성찰하는 글쓰기를 한다.

우리 시대에 재해석된 근현대사 속 여성국극

성별 편견, 극복할 수 있을까?

  '여성국극'에 대해 들어보신 적 있으신가요? '여성국극'은 지
금 한국에서는 공연되지 않고 사라진 문화입니다. 하지만 1950
년대에 우리나라 사람들은 여성국극에 열광했습니다. 오늘날 영
화 · 드라마의 스타 배우처럼 당시 여성국극에도 스타 배우들이
있었습니다. 좋아하는 배우와 함께 사진을 찍었던 여성 관객의
이야기도 있습니다.

  여성국극은 남성 인물을 포함한 모든 인물들을 다 여성 배우들
이 연기합니다. 여성 배우가 남성처럼 분장하고 남성의 목소리로
발성하며 노래하고 연기했습니다. 또한 많은 관객들이 여성국극
을 즐겨 보았는데, 그중에서도 여성 관객들이 특히 비중이 컸습
니다. 이렇듯 여성국극은 여성들이 주도해나갔던 희귀한 문화 중
하나입니다.

  〈정년이〉는 여성국극이 한참 인기 있던 1950년대를 배경으로
삼아, 실제 여성국극 공연을 보는 것처럼 실감 나게 이야기를 풀
어나갑니다. 웹툰에 등장하는 모든 인물과 장소, 설정은 가상이
지만 당시 여성국극의 인기와 공연장의 분위기는 사실적입니다.
그리고 점차 이야기가 진행되면서 여성국극이 TV 드라마나 영

화에 밀려 점차 인기가 사라지는 현실도 담아내고 있습니다. 가장 핵심적인 건, 〈정년이〉가 과거를 그대로 표현하는 데서 끝나는 게 아니고, 현재 우리 시대에서 공감할 수 있는 이야기를 하고 있다는 점입니다.

여성국극과 함께 성장하는 소녀, 윤정년

윤정년은 원래 목포에서 동생들을 돌보며 어머니와 살던 평범한 소녀입니다. 정년이 남들보다 특출난 건 딱 하나였는데, 바로 소리를 잘한다는 것이었습니다. 정년이 소리를 하며 노래를 부를 때마다 주변 사람들의 이목이 집중되고, 정년은 그걸로 돈을 벌었습니다.

어느 날 정년은 우연히 친구와 함께 여성국극 공연을 보게 됩니다. 어머니와 돈을 두고 싸운 정년은, 많은 돈을 벌 생각으로 집을 나와 매란국극단에 들어가려고 합니다. 단장은 돈을 벌려는 정년을 마음에 안 들어 하지만, 매란의 인기 스타 문옥경이 정년에게 흥미를 보이고 정년은 매란국극단의 연습생으로 들어가게 됩니다.

처음에는 돈을 많이 벌 생각만 하던 정년이지만, 공연을 위해 연습하는 과정에서 여러 가지 사건을 겪으며 점차 여성국극 자체에 흥미를 가지게 됩니다. 남성 연기를 위해 남성의 자세와 걸음걸이를 그대로 따라하는 연습을 하고, 참전 군인들을 찾아가 이야기를 듣기도 합니다. 그렇게 승승장구하던 정년에게 커다란 위기가 닥칩니다. 정년이 가장 자신 있던 소리에 사실은 커다란 문제가 있었고, 이를 연습으로 극복하려다가 성대에 문제가 생겨 소리를 하지 못하게 된 것입니다. 위기에 빠진 정년에게 조력자가 되어준 사람은 다름 아닌 맨 처음 싸우고 결별했던 어머니였습니다.

정년은 모든 것을 완벽하게 잘 해내는 주인공이 아닙니다. 이야기 중 여성국극을 그만두겠다고 극단을 나가는 사건들도 몇 번 있습니다. 그렇지만 하나의 위기를 극복할 때마다, 정년은 한 단계씩 배우로서 성장해나갑니다. 액션 만화에서 주인공이 패배하거나 약함을 깨달은 후 좀 더 강해지기 위해 수련을 하는 과정과 정년이 배우가 되는 과정은 닮았습니다.

학교에서 선생님이 가르치면 학생은 더 많은 것을 알게 되듯, 한 사람이 무언가를 배우기 위해서는 그걸 가르쳐줄 선생님이 필요합니다. 정년에게도 선생님이 되어주는 백도앵, 고 사장, 어머니 채공선 같은 사람들이 있습니다.

배움은 단지 지식을 알고 끝내는 게 아니라, 공동체 내 사람들과 어울리기 위한 사회성과 윤리성을 키우기 위한 바탕이기도 합니다.

정년이도 여성국극의 배우로서 공부를 하면서 점점 노래와 연기 실력을 쌓는데, 그러면서 정년은 사회인으로서 정신적인 성장도 함께 합니다. 또한 정년의 성장 과정에서 도움을 주는 선생님들은 모두 여성입니다.

〈정년이〉의 여성국극은 이미 사라진 옛 공연을 되살리는 요소

만 전부인 게 아닙니다. 그보다
는 과거의 잊힌 문화를 통해 여
성들이 가르치고 배워가며 사
회에서 주체적으로 성장해나가
는 것을 핵심적으로 보여줍니
다. 그래서 〈정년이〉의 배경은
1950년대지만, 70년이 지난 지
금 와서도 이야기에 공감할 수
있도록 해줍니다.

출처: 네이버 웹툰 / 서이래·나몬 〈정년이〉

여성이 사회적 억압과 관습을 극복해나가는 과정, 여성국극

일본의 식민 지배가 끝난 후, 1948년 8월 15일 대한민국 정부
가 수립되었습니다. 막 독립을 이루어내고 국가를 다시 세운 기
쁨도 잠시, 한국전쟁이 발발합니다.

여성국극은 대한민국 정부 수립과 함께 시작돼, 1950년대를
풍미하다 사라집니다. 이 시기는 아직 가부장제가 강고했던 시기
입니다. 그렇지만 한국에서 사회 및 경제 활동을 하던 여성들의
비율은 높았습니다.

똑같이 일을 하지만 강력한 가부장제 사회 속에서 남성에 비해
여성은 푸대접을 받았습니다. 여성국극 역시 대접받지 못했던 여
성 국악인들이 모여 시작된 공연입니다. 여성이 남성 연기까지
모두 소화해서 주도하는 걸 보면서, 당시 여성들은 억압받던 현

실을 잊고 극에 몰입할 수 있었다고 합니다.

가부장제가 강한 사회일수록, 여성들에게는 '여자는 이래야만 한다', '여자는 이런 걸 하면 안 된다'라는 금기가 많습니다. 남자는 가능하지만, 여자는 해선 안 될 규칙들입니다. 만약 어떤 여성이 금기를 어긴다면, 공동체 내에서 안 좋은 시선을 받을 가능성이 높습니다. 그럼 해당 여성은 가정이나 사회로부터 받아야 할 마땅한 보호를 받지 못할 수도 있습니다.

예를 들어 밤길을 혼자 걷던 여성이 범죄에 말려들 경우, 피해자임에도 불구하고 여성이 밤길을 혼자 걸어서 그렇다고 손가락질을 받거나 범죄자의 형량이 경감되는 경우입니다. 극단적인 예시로는 아직 일부 국가에서 일어나는 명예살인이 있습니다.

한국의 1950년대는 아직 여성에게 가해지는 억압과 이를 어길 때 일어날 상황에 대한 공포가 강했던 시절입니다. 〈정년이〉에서 이를 드러내는 인물로 '권부용'이 있습니다. 부용은 아버지와 같은 인기 있는 극작가가 꿈이고, 같은 여성을 사랑하는 인물입니다. 하지만 실제 아버지가 쓴 대본은 모두 어머니가 쓴 것을 아버지 이름으로 발표한 것이었으며, 좋아하던 여성 선배는 부용의 약혼자를 짝사랑한 나머지 부용을 배신합니다. 선배에게 배신당한 일로 부용에게는 안 좋은 꼬리표가 붙어서, 여학생들 내에서는 따돌림당하고 심지어 남학생들로부터도 괴롭힘을 당합니다. 그때 자신을 괴롭히던 남학생들에게서 자신을 도와준 정년이 여성국극 단원이라는 것을 알고 공연을 보러 갔다가, 부용은 정년의 팬이 됩니다.

부용은 금기에 도전하려던 여성입니다. 당시 결혼한 여성인 부용의 어머니가 극작가가 되는 건 용납되지 않았기 때문에 작품이 전부 아버지의 이름으로 발표됐습니다. 부용은 자신의 이름을 직접 걸고 극작가가 되기 위해 노력하지만 그 꿈도 선배의 배신으로 한 번 좌절됩니다. 여성을 사랑하지만 정략결혼이 결정된 약혼자가 있습니다. 부용에게는 그 남자와 결혼해 미국으로 갈 운명이 예정돼 있습니다.

금기에 도전하려 했으나 부용을 둘러싼 억압이 너무 큽니다. 그 때문인지 부용은 정년의 팬이 되며 여성국극에 점차 끌리게 됩니다. 여성국극 안에서는 당시 여성에게 가해지던 금기가 깨지기 때문입니다.

여성국극이 어떻게 금기에 직면하고, 또 도전하는지는 '고 사장'이라는 인물을 통해 제시됩니다. 고 사장은 실제로는 여성이지만 남성복을 입고 남성의 말투, 행동과 자세를 그대로 하며 다니기 때문에 모르는 사람은 대부분 남성으로 착각합니다.

원래 글을 모르고 부잣집 하녀 일을 하던 고 사장은 주인집 아가씨에게 글과 교양을 배웁니다. 그 후 밖에 외출했다가 남성에게 천대받은 후 그 분노로 남성복을 입고 남성 흉내를 내니 사람들이 자신을 천대하지 않는다는 것을 깨닫습니다. 고 사장은 이렇게 말합니다.

> "고작 어깨를 떡 벌리고 목소리를 깔았을 뿐인데 말이야. 남자 됨과 여자됨이 참 가소로워."

고 사장은 쉽게 금기를 깨는 것처럼 보이지만, 사실 남장을 들켜 폭행당한 적도 있습니다. 그리고 괴물이라 손가락질당하고 징그럽다는 소리도 듣습니다. 그럼에도 고 사장은 이를 '재밌다'고 합니다. 그리고 이렇게 말합니다.

"세상은 거대한 여성국극 무대 같아."

"이성적이고, 용감하고, 근육질인 남자와 상냥하고 사랑스럽고 가녀린 여자."

"사람들은 여자와 남자를 연기하며 살지. 국극 배우처럼."

"하지만 평범한 삶 어느 날, 어떤 사람들은 느끼고 말아."

"'피곤하다.' '답답해.' '이건 내가 아냐.'"

"'이 지긋지긋한 연극 때려치우고 싶어.'"

"'하지만 그래도 되는 걸까?'"

"'돼. 내가 증거야.'"

"아가씨가 그러시더군, '우리'를 괴물이라고 부르면 괴물이 되자고. 괴물이 돼서 이 역할극을 망치자고."

"남자를 연기하는 건 네 생각보다 훨씬 더 힘들 거다. 하지만 내가 보장하지."

"이건 정말 재미있단다."

여성에게 부여된 사회적 역할, 즉 '여성이기 때문에 이래야 한다'는 건 사실 허상이라고 고 사장은 말합니다. 이 허상의 역할극은 여성국극 안에서 망쳐지고, 깨질 수 있습니다. 고 사장의 말은

〈정년이〉의 주제를 한 번에 함축시켜 보여주고 있습니다.

하지만 여성국극의 각본 역시 현실에 얽매여 있습니다. 남자일 줄 알았던 이가 사실은 공주라는 걸 깨닫고 사랑을 고백하는 왕자와, 그 고백을 들은 후 여자 됨의 기쁨을 깨달았다는 공주의 각본을 보며 '백도앵'은 비판합니다. 어째서 왕자가 왕자와 사랑에 빠지면 안 되는 것이며, 여자 됨을 느껴야만 하는지 이해할 수 없다고 합니다.

도앵의 비판은 받아들여지지 않지만, 문옥경은 공감하며 호기심을 보입니다. 그랬던 옥경은 도앵이 매란을 떠난 이후, 더 이상 보고 싶은 이야기가 없다면서 여성국극에 흥미를 잃고 영화배우의 길로 가게 됩니다. 여성국극은 분명 금기에 도전하지만 또한 사회적 한계를 함께 가지고 있던 것입니다.

하지만 이 도전도 한계도, 모두 여성들이 제시하는 것들입니다. 사회적으로 진출했지만 또한 억압을 함께 받아야 하는 여성들이 의문을 느끼고 극복하려고 한 노력을 〈정년이〉는 '여성국극'을 통해 보여줍니다.

현대사회로 이어지는 〈정년이〉의 의미

젠더(Gender)는 성별을 뜻하는 단어인데, 이 성별은 사회적 성별을 뜻합니다. 사회적 성별이란 남녀의 신체적 특징이 아닌 관습, 역할로 성별을 지정한다는 의미로 볼 수 있습니다. 그래서 젠더라는 단어는 여러 허구적인 관념들을 드러냅니다. '남성성'이란 강하고 우직하며 근육이 탄탄한 남성을 가리키는 것이고 '여성성'이란 반대로 부드럽고 다정한 여성을 가리키는 식으로요.

〈정년이〉는 남성을 연기하는 여성, 당대 여성들이 겪었던 다양한 억압과 금기, 그리고 이를 극복해내는 과정을 통해 '여성성'에 부여된 허구적인 관념과 차별을 폭로합니다. 결국 진정한 '남성성'과 '여성성'은 존재하지 않고 하나의 연기이므로 모두가 같은 인간이며 차별은 불공평하다고 말합니다.

현대사회에서도 아직 '여성성'은 안 좋은 것처럼 보이고는 합니다. 여성 역시 여성에 대한 편견에서 완전히 벗어나지 못했습니다. 〈정년이〉는 이러한 한계점을 공유하면서도, 여성끼리 이루어내는 교류와 성장에서 이를 극복하려고 합니다. 그래서 1950년대를 배경으로 했지만, 현대의 여성들 역시 가상의 '여성국극'에 몰입하며 억압을 깨닫고 또 떨쳐내기도 하면서 주인공 정년이와 함께 성장하게 됩니다. 이 점이 웹툰 〈정년이〉가 가장 말하고자 하는 핵심적인 이야기일지도 모릅니다.

1 나의 꿈이나 장래희망을 생각해봅시다.

그 꿈을 방해하는 장해물은 무엇일까요? 그리고 왜 장해물이 생기는지 생각해봅시다.

2 다음 글을 읽고 질문에 따라 글쓰기를 해봅시다.

> 〈뮬란〉은 중국의 설화를 바탕으로 디즈니에서 제작한 애니메이션입니다.
> 연로한 아버지 대신 소녀 뮬란이 전쟁터에 나가기로 합니다. 하지만 여자가
> 군대에 들어가는 건 당시 군법에 어긋나는 일이었습니다. 그래서 뮬란은 남장
> 을 하고 입대합니다. 뮬란의 상관 리샹의 엄격한 훈련을 받으면서, 뮬란은 점차
> 강한 군인으로 성장합니다.
> 이후 뮬란은 여성임이 발각돼 군대에서 쫓겨나지만 황제를 구출하고 훈족의
> 지도자와 결투 끝에 승리합니다. 뮬란은 모두의 존경을 받고 가문의 명예를 지
> 키며 이야기는 끝납니다.[3]

1) 뮬란의 시대에는 여성이 군대에 입대하는 것이 금기였습니다. 왜 그런
   금기가 생겼을까요? 의견을 나누어봅시다.

---

3 [네이버 지식백과] 뮬란(강은원 · 한창완 외, 『세계 애니메이션 백과』, (주)한
   울엠플러스), https://terms.naver.com/entry.naver?docId= 3535143&ci-
   d=58544&categoryId=58544

2) 〈뮬란〉의 배경은 고대 중국이며, 〈정년이〉의 배경은 1950년대 한국입니다.
역사적으로 오랜 시간 차이가 있습니다.
다음 글은 1948년 발표된 세계 인권 선언의 일부입니다. 다음 글을 읽고
뮬란의 시대에서 정년이의 시대가 되면서 어떤 것들이 달라졌는지 정리하며
함께 변화상을 이야기하고 토론해봅시다.

제1조
모든 인간은 태어날 때부터 자유로우며 그 존엄과 권리에 있어 동등하다. 인
간은 천부적으로 이성과 양심을 부여받았으며 서로 형제애의 정신으로 행동하
여야 한다.

제2조
모든 사람은 인종, 피부색, 성, 언어, 종교, 정치적 또는 기타의 견해, 민족적
또는 사회적 출신, 재산, 출생 또는 기타의 신분과 같은 어떠한 종류의 차별이
없이, 이 선언에 규정된 모든 권리와 자유를 향유할 자격이 있다.

제7조
모든 사람은 법 앞에 평등하며 어떠한 차별도 없이 법의 동등한 보호를 받
을 권리를 가진다. 모든 사람은 이 선언에 위반되는 어떠한 차별과 그러한 차
별의 선동으로부터 동등한 보호를 받을 권리를 가진다.[4]

---

4   세계 인권 선언, https://ko.wikipedia.org/wiki/%EC%84%B8%EA%B3%84_
%EC%9D%B8%EA%B6%8C_%EC%84%A0%EC%96%B8

현대에는 어떻게 변화했을까?

☑️
생각 날기

1 자신이 알고 있는 이야기 하나를 연극으로 각색해봅시다. 이야기
는 전래동화, 소설, 웹툰, 어느 것이든 상관없습니다.

연극 제목	
등장인물	
줄거리	

2 그리고 각색한 연극에서 어떤 인물 배역을 맡고 싶은지 생각해 봅시다. 그 이유는 무엇인가요? 등장인물이 아니라 연극의 각본, 연출, 대본 작가 등도 괜찮습니다. 그리고 그 역할을 해내기 위해 내가 할 노력을 적어봅시다.

내가 맡고 싶은 배역 혹은 역할	
이유	
내가 해야 할 노력	

그녀의 심청

글 seri, 그림 비완/ 코미코, 봄툰, 네이버웹툰 / 2019 / 12세 이용가

〈심청전〉은 효의 정신과 희생정신 등 당대에 중요하게 본 사상과 메시지를 담아
낸 고전 작품입니다. 이를 재해석한 〈그녀의 심청〉 역시 현대의 중요한 사회문제
와 메시지를 담습니다. 〈그녀의 심청〉은 17세기 조선의 역사와 국가 상황 속 여성
들의 삶을 유사하게 재현하면서 동시에 현대적 관점을 함께 담아냅니다. 역사적
맥락과 고전의 재해석이 어떻게 맞물리는지 본 단원에서 살펴보기로 합시다.

교과서 속 인문학 콘셉트

조선은 **유교 윤리를 국가의 통치 이념**으로 삼고, 이를 보급하기 위해 노력하였다. 하지만 임진왜란과 병자호란, 두 번의 전쟁 이후 정부는 개혁 정치를 펼쳤어도 조선 후기의 사회 변화를 따라가지 못하였고, 이에 기존의 성리학을 바탕으로 삼되 현실 문제를 해결하는 데 관심을 기울이는 **실학**이라는 새로운 학문이 나타났다.

한편으로 민심이 흐트러지고 향촌 질서가 흔들리자, 양반들은 『주자가례』를 보급하여 향촌 질서를 안정시키고자 하였다. 『주자가례』의 영향으로 성리학적 생활 규범이 정착되면서 **부계 중심의 가족 제도가 강화**되었다. 그에 따라 17세기 이후에는 족보가 점차 부계 위주의 계보로 자리 잡아갔다. 외손에 대한 기록은 삭제되거나 축소되었고, 부계의 자손만 남성을 중심으로 수록되었다.

이와 대조적으로 서민들의 의식 수준도 높아지고 문화 활동이 활발해지면서 **서민 문화가 대두**하였다. 서민들은 양반 중심의 문화에서 벗어나 자신의 감정과 생각을 자유롭게 표현하고, 사회의 문제점과 부조리를 거침없이 풍자하였다.

관련된 교과

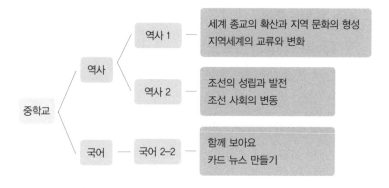

먼저 알아둬야 할 개념들

적장자 우대 상속 제도의 확대

임진왜란과 병자호란, 두 번의 전쟁을 거치면서 민심이 흐트러지고 향촌 질서가 흔들리자, 양반들은『주자가례』를 보급하여 향촌 질서를 안정시키고자 하였다.『주자가례』의 영향으로 성리학적 생활 규범이 정착되면서 부계 중심의 가족 제도가 강화되었다.

이에 제사와 상속 제도도 변하였다. 조선 전기에는 자녀들이 돌아가며 제사를 지냈으나, 후기에는 점차 적장자(처가 낳은 맏아들로, 제사를 이어받았다)가 제사를 주관하는 것이 일반화되었다. 또한 자녀에게 재산을 균등하게 나눠주는 균분 상속 제도가 적장자를 중심으로 한 상속 제도로 바뀌었다. 이후 차남 이하의 아들과 딸의 상속분은 점차 줄어들었다.

혼인 풍속의 변화

부계를 중심으로 한 생활 규범이 정착되면서 혼인 풍속도 변화하였다. 조선 중기까지는 혼인 후에 신랑이 신부 집으로 가서 상당 기간 생활하였으나, 후기에는 혼인 후 신부가 곧장 신랑 집으로 가서 생활하는 경우가 많아졌다. 이러한 혼인 풍속은 양반 가문에서부터 시작되어 점차 상민들에게 확산되었다.

족보 편찬의 성행

조선 후기 양반 가문에서는 족보 편찬이 성행하였다. 족보는 조상의 계보를 보여주는 것으로, 원래는 외가나 처가의 계보가 모두 수록되었다. 그러나 부계 중심의 가족 제도가 강화됨에 따라 17세기 이후에는 족보가 점차 부계 위주의 계보로 자리 잡아 갔다. 외손에 대한 기록은 삭제되거나 축소되었고, 부계의 자손만 남성을 중심으로 수록되었다.

양반들은 족보를 만들고 이름을 올려 친족 간의 유대 관계를 강화하였고, 자신의 신분이 양반임을 과시하였다. 이에 족보는 양반 신분을 유지하고 내세우는 수단으로도 활용되었다. 심지어 상민과 천민은 족보를 위조하여 양반으로 행세하기도 하였다.

서민 문화의 여러 가지 모습

서민 문화의 발달 모습은 여러 분야에서 나타났는데, 그중 한

글소설과 사설시조가 대표적이다. 신분을 뛰어넘는 사랑을 다룬 『춘향전』과 현실 사회의 부조리를 소재로 한 『흥부전』 등의 한글 소설이 널리 읽혔다. 서민들은 형식에 구애받지 않는 사설시조를 지어 솔직하고 소박한 감정을 표현하거나 현실을 풍자하였다.

판소리와 탈춤도 유행하였다. 창과 사설로 엮어나가는 판소리는 솔직한 표현으로 서민층은 물론 양반에게도 큰 인기를 끌었다. 양반의 위선과 사회 모순을 풍자한 탈춤 또한 장시나 포구 등에서 공연되어 큰 호응을 얻었다.

한편 서민들의 미적 감각과 의식을 반영한 민화가 유행하였다. 민화는 이름을 알 수 없는 화가들에 의해 그려졌으며, 서민들은 민화를 사서 벽에 걸거나 병풍으로 만들기도 하였다.

학습 목표

1 조선 시대 역사와 문화적 특성에 대해 이해할 수 있다.

2 국가의 문화적 배경이 개인을 어떻게 형성하는지 이해할 수 있다.

3 고전 작품의 특성과 현대적 재해석을 이해할 수 있다.

4 자신의 관점으로 작품을 재해석해 정리하는 글쓰기를 할 수 있다.

역사를 잊지 않기 위한 고전의 재해석

여성들의 당당한 자유 선언

『심청전』의 원래 내용은 이렇습니다.

옛날 옛적에 눈이 먼 심 봉사라는 사람이 살았습니다. 심 봉사의 아내는 심청을 낳다 죽었습니다. 심 봉사는 사람들에게 심청에게 먹일 젖을 동냥하며 살았습니다.

심청은 자란 후 마을 사람들에게 사랑을 받았습니다. 하지만 어느 날 심 봉사가 물에 빠졌다가, 그를 구해준 화주승의 말에 넘어가 공양미 삼백 석을 바치기로 합니다. 심청은 꿈에서 노승의 말을 들은 후 뱃사람들이 용왕님에게 바칠 제물이 되는 대신 공양미 삼백 석을 받기로 합니다. 배에 올라탄 심청은 바다에 빠졌지만 용궁으로 가 살게 됩니다. 마지막에 심청은 왕비가 되고 심 봉사는 눈이 뜨이며 이야기가 끝납니다.

고전 『심청전』은 유교 사상의 영향을 받았습니다. 유교에서는 부모에 대한 자식의 도리로서 효를 강조하고 이는 군주와 나라에 대한 충의 정신과 연결됩니다.

심청은 자식 된 도리를 다하기 위해 스스로 제 목숨을 바치기로 합니다. 이 정신을 기특하게 여긴 용왕의 눈에 들어, 가난했던 심청은 행복하게 살게 됩니다. 그런 심청을 사람들은 '효녀 심청'이라 부르며 기립니다. 유교 사회에서 집안의 가장 높은 위치인 아버지를 위해 자신을 희생하는 딸의 정신을 높게 평가했기 때문입니다.

한편 『심청전』은 불교 사상의 영향을 받기도 했습니다. 자기희생을 통하여 불공을 드린 후 용궁에서 눈을 떴을 때 심청은 이 모든 것이 석가세존의 시험임을 알게 됩니다. 다시 지상에 올라온 심청이 연꽃 속에서 나왔다는 것도 불교 사상의 영향을 받았음을 뒷받침합니다.

한편 『심청전』은 현대에 와서도 다양한 형태로 각색됩니다. 그한 예로 소설가 황석영의 『심청전』은 동아시아를 다니며 근대화 과정을 겪다가 이윽고 보살로 승화하는 과정을 담습니다.

〈그녀의 심청〉 역시 『심청전』을 각색한 작품입니다. 〈그녀의 심청〉은 기존 『심청전』에서 심청을 제외한 비중이 적은 여성들에 주목하여 이야기가 진행됩니다. '뺑덕 어멈'은 사회적 시선에 구속받지 않고 자유롭게 살아가고자 하는 무당이 되었고, 장 승상댁 마님은 이야기의 중심인물이 됩니다. 심청은 아버지를 위해 자신을 희생하는 효녀가 아니라 주장이 강하고 당당한 여성으로 바뀌었습니다.

이렇게 바뀐 〈그녀의 심청〉은 조선 후기의 사회상과 문제점을 보여주며, 여성 간의 유대와 변화 가능성을 제시합니다.

조선의 강화된 가부장제와 희생된 여성들

중국에서 청나라가 건설되고 명나라의 힘이 약해졌지만 조선은 친명 정책을 버리지 않았습니다. 이에 청나라는 명나라를 멸망시키기 전에 조선을 먼저 굴복시키기로 합니다. 조선은 임진왜란과 이괄의 난으로 전력이 약한 상황이었고, 결국 청에게 항복하고 맙니다. 이 전쟁이 병자호란이었으며, 이때 많은 여성들이 포로로 청에 끌려갑니다. 포로로 잡혔던 여성들은 후에 고국으로 돌아와도 환영받지 못하였고, 양반들은 향촌 질서를 세우기 위해 부계 질서를 더 강화시킵니다. 이때 여성들은 호적에 등록되지 못하거나 상속을 적게 받는 등 남존여비 사상이 강해집니다.

〈그녀의 심청〉은 어느 시대인지 구체적으로 드러나지 않으나, 17세기 조선 여성들이 겪었을 차별을 보여줍니다. 마님은 원래 자신의 이름이 있었으나 혼인한 후 원래 이름이 지워지고 장 승상 댁 마님이라고만 불리게 됩니다. 전 마님 역시 이름도 없이 열녀문으로만 전해집니다. 또한 마님은 쉬지 않고 대감을 돌봐야만 남들이 흉을 보지 않기 때문에 대감을 걱정하여 스스로를 희생하는 시늉까지 하게 됩니다.

양반인 아닌 가난한 여성 심청 역시 조신하지 못하고 지저분하게 다닌다는 이유로 사람들에게 미움을 받습니다. 아버지 심 봉사는 가족인 심청을 위해 전혀 나서지 않습니다. 자신이 아직 유생이었던 과거만 떠올리고 말만 앞설 뿐입니다. 화주승이 심청을 돌봐주지만 그는 심청에게 죄가 된다는 이유로 여성성을 버리도록 강요합니다. 그런 환경 속에서 심청은 말로 표현 못 할 답답함을 느낍니다.

심청과 마님은 각자 입장과 상황은 다르지만, 남성 위주 사회 속에서 압박을 받는 희생자란 공통점이 있습니다.

심청은 마님에 대해 이렇게 생각합니다.

먹을 걱정 입을 걱정이 없어도
온갖 이상한 규칙을 만들고
그 틀에 자신을 맞추고…
귀한 데 시집가면 좋은 거 아니었나?
뭐든 맘대로 할 수 있을 줄 알았는데.

실상은 마님이 오히려 자유롭게 살지 못한다는 걸 알자 심청은 마님을 돕게 됩니다. 심청은 마님을 도와, 마님을 괴롭히던 며느님에게 복수를 하지만 그 이야기는 다음과 같은 독백으로 끝납니다.

이 넓고 숨 막히는 집에서
비로소 얻어낸
보잘것없는 안식.
그건 정말로 승리였을까?
우리는 진짜 적에게 이긴 것일까?

사실 며느님 역시 남편에게 종속된 입장이고, 집안에서 자신의 자리를 지키기 위해 마님을 괴롭힌 것입니다.

〈그녀의 심청〉은 이렇듯 병자호란 이후 17세기 무렵의 조선 시대와 닮은 시대적 배경을 그려냅니다. 가부장제에서는 심청과 같은 가난한 여성뿐 아니라 마님과 같은 양반가 여성도 '열녀'에 들어가지 못하면 존재가 지워지고 살아남지 못합니다. 〈그녀의 심청〉은 여기서 더 나아가 이 시대 사람들의 정서 역시 담아냅니다. 이는 강력한 남성의 권력 아래 여성들끼리 서로 시기하고 다투고, 자신의 주장과 이름을 잃는 모습으로 표현됩니다. 이런 점에서 〈그녀의 심청〉은 실제 역사적 배경을 담아내 고전을 재해석하고 있다고 볼 수 있습니다.

현대적 감각을 통해 다시 보는 심청전

마님은 심청에게 여성으로서 다른 사람에게 사랑받고 살아가는 법을 가르쳐주기로 합니다.

그래도 우리는
이 집안에서밖에 살아갈 수 없으니까.
살아남기 위한 힘이 필요해.
넌 내게 싸워야 한다고 말했지만
이 손으로 누굴 이길 수 있겠어.
더 큰 힘은

남편에게 지극한 아내로,

너그러운 안주인으로

훌륭한 승상 부인으로 사랑받을 때 얻을 수 있지,

난 줄곧 그렇게 살아왔는걸…

…(중략)…

네가 네 방식으로 날 도와줬으니까,

이번엔 내가 널 사랑받는 심청으로 만들어줄게.

그때부터 심청은 마님에게 예절과 화장하는 방법을 배웁니다. 그렇게 심청이 다소곳해지고 얼굴이 예뻐지자 사람들은 다들 심청을 좋아합니다. 아버지를 위해 몸소 일거리를 구하는 심청을 '효녀 심청'이라고 부르기도 합니다. 심청은 처음엔 그 상황을 즐겁게 생각합니다. 하지만 심청을 돕던 화주승은 마님을 요괴처럼 취급하고, 변화한 심청에게 화를 내며 거칠게 대합니다. 속세의 여성들처럼 꾸민다는 이유 때문입니다.

이 상황에서 심청과 마님이 겪는 문제는 모순이 있습니다. 여성스럽고 아름답지 않으면 사람들이 사랑해주지 않습니다. 사람들에게 사랑받지 못하면 '다들 꺼리는 거렁뱅이' 심청으로 남습니다. 동시에 사람들에게 사랑받기 위해 자신을 가꾼다면 사람을 홀리고 유혹한다고 손가락질을 당합니다.

여기서 현대 여성들도 공감할 수 있는 억압을 발견할 수 있습니다. 사람들의 미적 취향과 시선에 맞춰 자신을 꾸미지 않으면 미움을 받거나 관심받지 못합니다. 자신을 꾸미면 이번에는 남성을 유혹한다고 부정적인 소리를 듣게 됩니다. 스스로 원한 모습이든 원하지 않은 모습이든 어떤 모습을 해도 여성의 외모는 그 자체로 비판과 품평의 대상이 됩니다.

이 상황은 결국 '효녀 심청'은 실제로 존재하지 않으며 사람들이 덧붙인 이미지라고 보여줍니다. 고전 속 심청은 아버지를 위해 인당수에 스스로 몸을 던진 효녀지만, 〈그녀의 심청〉 속 인물들은 효녀, 그리고 양반가의 열녀는 사회적 관습에 따라 사람들이 여성에게 덧씌운 이미지임을 보여줍니다. 여성 스스로의 개성과 이름을 지우고 효녀, 열녀 등의 이름으로 부르는 것입니다.

이후 심청은 이중적인 억압을 견디지 못하고 원래 모습으로 돌아갑니다. 마님은 점점 병세가 악화되는 장 승상을 계속 돌보며 밖에도 나가지 않고 열녀의 모습을 연기합니다. 각자의 삶으로 돌아간 것 같지만 두 사람의 인연은 끝나지 않고, 결국 마님은 심청과 함께 축제를 구경하러 나가게 됩니다. 그사이 장 승상이 죽고, 마님은 축제를 구경하러 나갔던 것이 들통 나 다시 집 안에 갇힙니다.

이야기는 그렇게 익숙한 고전 『심청전』의 내용대로 흘러갑니다. 장 승상이 죽은 이유는 용왕의 자식인 금자라를 잡아먹어 용왕이 노했기 때문이며, 금자라를 바친 사람은 마님의 오빠입니다. 죄를 저지른 사람들은 따로 있으나 사람들은 마님 때문에 용왕이 노해서 장 승상이 죽었다고 생각합니다. 게다가 승상의 아들이 개인적인 욕심으로 화주승과 공모하여 마님을 더욱 몰아갑니다.

사람들은 용왕의 분노를 가라앉히기 위해 신부가 될 제물을 인당수에 바치기로 합니다. 심청의 아버지는 화주승의 음모로 공양미 삼백 석을 바칠 처지에 놓였고, 심청은 결국 인당수에 빠지기로 결정합니다. 마님은 심청의 희생을 말리기 위해 공양미 삼백 석을 자신이 내주기로 합니다. 이를 이해하지 못하고 이상한 소문이 난다는 집안사람들에게 마님은 심청을 수양딸로 들이겠다고 말합니다.

수양딸이 되라구요…?

그래 내 딸이 되어서 여기서 사는 거야.
그럼 걱정 없이 함께 지낼 수 있잖니. 응?
네 아버지도 부족함 없이 돌봐드릴 테니까…

…그래요…
마님이랑 제가 모녀지간이 되는 거예요?
참 좋겠다. 그렇죠?
전처럼 함께 집 안을 거닐고,
예절도 배우고,
…함께 자수도 놓고, 차도 마시고…
그러다가 또 이상한 소문이 나기라도 하면,
전처럼 내쳐버리려구요?
끝이 다 보이잖아요!!

항상 마님은 그런 식으로…!

지금도 딸 같은 걸로 얼버무리기나 하면서…!

심청과 마님이 함께 지내는 동안 두 사람의 감정은 깊어졌지만, 신분의 차와 사회적 시선 탓에 완전히 함께 있는 건 불가능했습니다. 심청이 인당수에 스스로 몸을 던져 희생하기로 결정했을 때, 마님은 사회적 조건에 맞춰 심청을 곁에 두려고 합니다. 그 사회적 조건이 심청을 수양딸로 들이는 것이었습니다. 하지만 그 방식은 심청에게 자기 자신을 그대로 존중해주는 게 아니라, 사람들의 시선에 맞춰 순응하는 삶을 강요하는 방식입니다. 그래서 심청은 마님의 제안을 거절하고 인당수로 향합니다.

이후 심청이 인당수에 몸을 던지고 용왕을 만나는 과정까지, 〈그녀의 심청〉은 고전 심청전의 플롯을 그대로 따라가지만 메시지와 시각은 완전히 다릅니다. 심청이 장 승상 댁 마님의 수양딸 제안을 거절한 것은 원래는 효, 혹은 희생 공양 정신과 연관이 있습니다. 다른 사람의 은혜를 입지 않고 스스로 희생하는 정신을 높게 샀기 때문입니다. 〈그녀의 심청〉은 마님과 심청 두 사람의 관계를 재조명하며 이를 다르게 봅니다. 두 사람이 원하는 관계는 그 시대 사회적 관습으로는 생각하기 힘든 삶이었습니다. 그래서 그 사회적 억압을 깨는 것이 중요한 메시지가 됩니다.

현대사회는 인권 감수성과 다양성이 과거보다 발전했습니다. 따라서 『심청전』역시 과거의 사상을 전하는 데 그대로 머무르지 않고, 현대사회를 살아가는 사람들의 감성을 전하도록 재해석 될 수 있습니다. 〈그녀의 심청〉은 그 시도를 한 작품으로 볼 수 있을 것입니다.

역사에서 이어지는 현재

'역사를 잊은 자에게 미래는 없다'라는 말이 있습니다. 역사는 현대를 살아가는 우리에게 가슴 아픈 과거와 희생자들을 추모하며 같은 과거가 반복되지 않도록 교훈을 줍니다.

17세기 조선은 병자호란을 겪고 사회가 혼란했습니다. 그것을 해결할 방책이 신분 사회의 재편성이고, 이 과정에서 여성은 '열녀' 아니면 '효녀'가 되기를 강요받았습니다. 서민 문화에서는 이를 비판하며 풍자하는 작품들이 발생합니다.

〈그녀의 심청〉을 보며 공감할 수 있었다면, 현대사회에도 아직 그런 차별이 남아 있다는 증거이기도 합니다. 〈그녀의 심청〉은 심청전을 재해석해 차별을 드러내면서 극복하는 과정을 함께 담아냅니다.

과거는 과거에만 머무른 게 아니라, 현대에도 비슷한 양상을 보이며 함께 이어집니다. 역사의 비극, 아픔을 모두 청산할 수 있어야 과거는 과거로 남을 수 있습니다. 그것이 미래로 나아가는 진짜 길이 될 것입니다.

생각 펼치기

1 내가 받았던 칭찬 중 가장 좋았던 칭찬/기쁘지 않았던 칭찬을 생각해봅시다.

2 기뻤던 이유와 기쁘지 않았던 이유를 생각해봅시다.

기뻤던 이유

기쁘지 않았던 이유

3 〈그녀의 심청〉의 심청은 왜 마을 사람들이 변한 모습을 좋아해주
어도 기뻐하지 않았을까요?

3 다음 글을 읽고 질문에 따라 글을 써봅시다.

> 바리공주는 오구대왕의 일곱 번째 딸로 태어났습니다. 아들이 아니라는 이유로 아기 때 버려졌습니다. 시간이 흐른 후 오구대왕과 갈대부인은 병에 걸려 시름시름 앓았습니다. 신하들은 바리공주를 찾았고, 바리공주는 부모님과 재회했습니다. 그리고 모든 딸들과 신하들이 가지 않으려고 하는 저승 세계로 직접 찾아가 부모님을 살릴 약수를 구해 오기로 합니다.
>
> 저승 세계의 모든 시련을 마치고 결혼까지 한 바리공주는 부모님을 살리고, 오구대왕의 뒤를 이어 나라를 다스리게 됩니다. 이후 바리공주는 오구신이 되고 영혼을 저승으로 인도하는 일을 합니다.[1]

1) 바리공주와 심청의 공통점과 차이점을 써봅시다.

공통점

차이점

---

1 [네이버 지식백과] 바리공주 (문화원형백과 한국설화 인물유형, 2005, 문화원형 디지털콘텐츠), https://terms.naver.com/entry.naver?docId=1782650&cid=49258&categoryId=49258

2) 바리공주와 효녀 심청은 각각 저승과 바다로 가 부모님을 구합니다. 두 사람 모두 죽지 않고 살아나 자신의 목적을 이룹니다. 두 사람은 어떻게 죽지 않을 수 있던 걸까요? 그 이유를 생각해보고, 옛날 사람들이 그렇게 이야기를 지은 의도를 생각해서 써봅시다.

왜 바리공주와 심청은 죽지 않고 원래대로 돌아올 수 있었을까?

그렇게 이야기를 지은 이유는 무엇일까?

생각 날기

1 동서양 상관없이 옛날이야기 중 하나를 고른 후, 이야기를 주제로 기사를 써봅시다. 당시의 시대상/장소/문화가 잘 드러나도록 양식에 맞춰 써봅시다.

내가 고른 이야기 :

기사 제목 :

기사 부제 :

기사 내용

언제?

어디서?

사진

누가?

무엇을?

어떻게?

우리 집에 왜 왔니

이윤희 / 다음웹툰 / 2016~2017 / 전체 이용가

〈우리 집에 왜 왔니〉는 주인공 재희가 어린 시절 중국에서 만났던 친구 버들이(연이)와 한 집에 살게 되면서 겪게 되는 갈등과 그 해결에 관한 이야기입니다. 서로 다른 문화 때문에 두 사람은 서로를 오해하기도 하고, 이해하지 못하기도 하지만 결국 이를 극복하고 마음을 나누게 됩니다. 각자 다른 서로의 생각과 태도를 통해 자신의 모습을 거울처럼 비춰보면서 스스로를 반성하기도 하지요. 첫인상부터 마음에 들지 않았던 재희와 연이가 차이를 극복하고 서로를 알아가는 과정이 궁금하지 않나요? 재희와 연이가 함께 지내는 '우리 집'의 문을 열고 이야기 속으로 들어가봅시다.

현대사회는 세계화된 사회입니다. 곳곳에서 일어나는 사건들에 전 세계가 영향을 받고, 세계 어느 곳이든 비행기를 타고 날아갈 수 있죠. 스마트폰을 통해 지구 곳곳의 소식을 접할 수도 있습니다. 이렇게 세계화로 지역과 국가 사이의 교류가 활발해지면 문화 역시도 전 세계로 뻗어나가 세계화됩니다. 세계로 뻗어나가는 각국의 문화는 필연적으로 다른 나라의 문화와 부딪히게 되는데, 이때 서로 다른 문화를 인정해주지 않거나 닫힌 마음으로 다른 문화를 바라보면 문화 갈등이 일어납니다.

하나의 문화가 다른 곳으로 뻗어나감으로써 이루어지는 문화의 세계화와 달리, 하나의 사회 속에 다양한 문화권에 속한 서로 다른 사람들이 어울려 살아가는 사회를 다문화 사회라 합니다. 다양한 문화가 공존하는 다문화 사회는 우리 문화를 풍성하게 하고 구성원의 삶의 질을 높여줍니다. 다문화사회에서는 다른 문화에 대한 이해 없이 하나의 잣대로만 타 문화를 평가하지 않도록 주의해야 합니다. 다문화 사회를 살아가는 우리들에게는 다양한 문화를 인정하고 존중하는 자세가 필요합니다.

관련된 교과

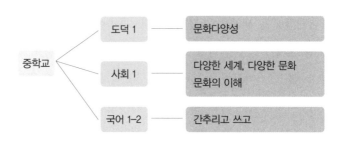

먼저 알아둬야 할 개념들

문화의 세계화

세계화로 지역 간 교류가 활발해지면서 전 세계인이 동일 문화를 공유하고, 이로 인해 문화 접촉과 문화 전파의 기회가 많아지는 현상을 문화의 세계화라 한다. 문화의 세계화를 통해 기존 문화가 새 문화의 자극을 받아 다양한 모습으로 발전하기도 하고 새로운 문화가 생겨나기도 한다.

다문화 사회

다문화 사회란 인종, 언어, 문화 등이 서로 다른 사람들이 함께 어울려 살아가는 사회를 의미한다. 다양한 문화가 공존하는 사회는 풍성한 문화로 구성원들의 삶의 질을 높여주고 타 문화에 대한 적응력을 키워준다. 또한 다른 문화의 관점에서 우리 문화를 되돌아봄으로써 우리 문화와 다른 문화를 올바르게 이해하고 서로 존중하는 태도를 배울 수 있다. 그러나 다른 문화에 대한 이해가 부족한 상황에서 자기 문화만 옳다고 여긴다면 문화 차이로 인한 오해와 갈등이 나타나 문화적 충돌이 일어날 수 있다.

문화상대주의

한 문화를 그 문화가 발생한 역사적 · 사회적 상황에서 이해하려는 태도를 문화상대주의라 한다. 각 문화에 담긴 고유한 뜻과 가치를 이해함으로써 문화의 다양성을 인정하자는 관점이다.

문화절대주의

문화절대주의는 한 문화를 기준으로 다른 문화를 부정하려는 태도이다. 자기 문화만 우수한 것으로 믿고 다른 문화를 부정적으로 바라보는 자문화 중심주의와 다른 문화를 동경해 자기 문화를 저평가하는 문화사대주의가 이에 해당한다.

학습 목표

1 문화의 세계화와 다문화 사회의 모습에 대해 이해할 수 있다.

2 문화의 다양성에 대해 이해하며 다른 문화를 바라보는 올바른 태도는 무엇인지 생각해볼 수 있다.

3 여러 가지 정보를 요약하여 통일성 있는 글을 쓸 수 있다.

국경을 넘어 서로를 이해하기

나와 다른 너를 그대로 인정하자

재희의 책상 앞에는 버드나무 사진이 담긴 엽서가 붙어 있습니다. 엽서에는 아홉 살, 어머니의 죽음 이후 아버지의 손을 잡고 떠난 중국의 아름다운 도시 항주 서호(西湖)의 버드나무가 담겨 있죠. 이 엽서는 재희가 힘든 일이 있을 때마다 들여다보는 위로의 매개체입니다. 한 달 남짓한 항주에서의 시간이 그만큼 아름다운 추억으로 남았기 때문일 것입니다.

그때로부터 19년이 흐른 지금, 스물여덟 살이 된 재희의 앞에 지금까지 살아온 평생의 시간 동안 위로가 되어준 나날들을 떠올리게 하는 사람이 나타납니다. 빨간 유니폼을 입고, 바가지 머리를 하고, 떠나기 전날 재희에게 버드나무 가지를 건네주었던 소년, 버들이입니다. 하지만 빨간 유니폼과 바가지 머리가 귀엽던 소년 버들이는 덥수룩한 머리에 삐죽삐죽한 수염을 달고 나타나 재희의 기대를 와장창 부숴버립니다. 머리부터 발끝까지 재희의 마음에 드는 구석이라곤 하나도 없이 말이죠. 달라도 너무 다른 두 사람, 과연 가까워질 수 있을까요?

달라도 너무 다른

이야기의 주인공 재희를 다시 소개해볼까요? 스물여덟 살, 대기업 기술입찰부 사원으로 일하고 있는 재희는 출장이 잦아 일 년에 360일은 해외에서 보내는 아버지 때문에 뭐든 혼자 해왔습니다. 독립심이 강하고, 남에게 의존하지도, 빈틈을 보이지도 않으며 하고 싶은 말은 전부 해야 직성이 풀리는, 당당하고 완벽한 커리어 우먼이죠.

그런 재희에게 아르헨티나에서 걸려온 아버지의 전화는 갑작스러운 손님을 떠안겨줍니다. 어린 시절 중국 항주에서 만난 소년 버들이가 한국에 유학을 왔으니 재희의 집에 묵을 수 있도록 정리해놓으라는 거였어요. 회사 일로 매일이 바쁜 와중에 들려온 날벼락 같은 소식에 당황하기도 잠시, 재희는 버드나무 엽서를 보며 버들이를 회상합니다. 항주에서의 추억을 떠올리며 얼마나 멋지게 자랐을지 기대했지만, 재희의 앞에 나타난 건 총천연색 옷을 입고, 덥수룩한 머리와 삐죽한 수염이 얼굴을 뒤덮은 연이였습니다.

어린 시절과 너무도 다른 연이의 등장이 재희는 불편하기만 합니다. 만난 지는 거의 20년이 지났고, 알고 지낸 시간은 고작 한달. 제대로 된 말 한마디 나눠보지도 못한 사람이 같이 지내자며 갑자기 찾아왔는데 어떻게 편안할 수 있겠어요. 이웃들이 어떻게 생각할지 주변의 시선도 신경 쓰입니다.

설상가상으로 집주인 재희를 대하는 손님 연이의 태도는 무례하기 짝이 없습니다. 큰 소파를 차지하고 앉아서, 재희가 시켜 준 피자의 맛에 불평을 늘어놓으며 직접 요리를 하지 않는 재희를 나무라는 듯이 이야기하죠. "한국에서는 대체로 여성들이 밥을 짓는다고 들었는데."라는 말에서부터 화가 나기 시작한 재희는 "조식은 몇 시부터지?"라는 말에 폭발하고 맙니다. 타인의 수고가 필요한 일을 당연하단 듯이 요구하면서 재희의 호의를 무시하는 것 같았으니까요. 집안일은 여성의 일이라는 고정관념이 담긴 듯한 말과 하대하는 듯한 말투가 재희의 화를 더 부추깁니다. 감동이라곤 눈 씻고 찾아봐도 없는 재회는 서로에게 나쁜 인상만 남기고 말았습니다.

서로를 이해하기

하지만 무례하게 보였던 연이의 태도는 한국 문화에 대한 잘못된 이해와 익숙하지 못한 언어에서 비롯된 것이었습니다. 연이가 본 한국 드라마에서 대부분의 집안일을 여성들이 하고 있었으니까요. 성 역할에 대한 고정관념을 강화하는 드라마로 한국 문화를 배운 연이는 자연스럽게 한국에서 집안일은 여성의 일이라 인식하게 되었을 겁니다. 조식은 몇 시부터냐고 물었던 건 일이 바빠 식사를 잘 챙기지 못하는 재희를 대신해 출근 시간에 맞춰 아침식사를 준비해야겠다는 생각에서 한 말이었고요.

다음 날, 재희를 위해 준비한 저녁식사 자리에서 연이는 자신의 서투름이 불러온 오해를 풀며 사과합니다. 연이가 한국어가

서툴러 오해를 하게 만든 것 같아 미안하다고 말하자, 재희도 색 안경을 끼고 예민하게 받아들인 자신의 태도를 사과하죠. 연이에 게 선입견을 갖고 집안일을 분담하지 않을 거라 지레짐작한 재희 의 생각과 달리, 연이는 요리도 청소도 빨래도 척척 해냅니다. 이 렇게 삐걱대던 두 사람의 관계는 식탁 앞에서의 대화로 조금씩 풀려나가게 됩니다.

문화적 차이, 미숙한 외국어로 곤란한 일을 겪는 건 타문화에 낯선 외국인이라면 누구에게나 있을 법한 일입니다. 연이에게도 이런 사건이 다시 벌어집니다. 중국어 스터디 모임에서 자신을 소외시키지 않기 위해 호의를 보여주고, 말을 걸어준 지민에게 무례를 범하는 사건이 일어나죠. '네', '아니오' 같은 단답형 대 답과 "나한테 상관하지 마세요."라는 말이 지민에게 상처를 주게 된 겁니다. 스터디 모임의 분위기는 어색해지고, 지민은 스터디 를 그만둘까 고민하지만 연이는 그 사실을 알지 못합니다.

하지만 연이에게도 그럴 만한 이유가 있었습니다. 대화 내내 '네', '아니오'로밖에 대답하지 못했던 건 지민이 '그러셨구낭', '어색한가 부다'처럼 표준어 말투와 다른 말씨를 구사하고, 외국 인에게는 생소한 표현들을 대화 중간중간 섞어서 사용했기 때문 이었죠. '연이 오빠'라는 호칭이 낯설고 간지러웠기 때문이기도 했고요. 어색한 분위기를 풀어보기 위해 무리해서 말을 거는 지 민에게 연이는 그러지 않아도 된다는 말을 하고 싶었던 것이었습 니다. '나한테 상관하지 말라'는 말이 상대방에게 어떻게 들릴지,

그 말이 어떤 뉘앙스를 풍기는지 몰랐기 때문에 배려를 위해 한 말이 타인에게 상처로 다가갔던 것입니다.

자신이 불러온 오해를 깨달은 연이는 다음 스터디 모임에서 지민에게 자신의 실수에 대해 사과합니다. 중국어에는 한국어보다 직설적인 표현이 많아, 분위기를 읽고 말 속에 숨겨진 의미를 파악해야 하는 한국어 회화가 익숙하지 못해 그랬다고요. 지민도 서로 다른 문화의 차이와 서투른 언어에서 비롯된 연이의 실수를 이해해줍니다. 오해를 풀자, 연이에게 적대적이던 스터디 구성원들도 연이에게 마음을 열고 대합니다. 진정한 사과와 충분한 대화가 오해에서 비롯된 서로의 악감정을 해소한 것입니다.

편견에서 벗어나기

적극적인 소통과 충분한 대화로 문화와 언어의 차이에서 비롯된 오해를 바로잡았지만, 스터디 구성원들처럼 함께 공부하는 사이를 넘어 함께 생활하는 재희와 연이가 바로 가까워질 수 있는 것은 아닙니다. 아직 첫인상이 만들어낸 서로에 대한 편견을 벗겨내지 못했거든요. 두 사람의 첫 만남과 그로부터 이어진 대화는 두 사람이 너무도 다른 사람이라는 사실을 보여줍니다. 항상 깔끔한 옷을 입고 다니고, 아침밥을 먹는 것보다 화장하고 출근하는 것이 더 중요한 재희는 외모에 전혀 신경을 쓰지 않는 연이가 이해되지 않습니다.

'덥수룩한 머리와 삐죽삐죽 튀어나온 수염. 멀대같이 큰 키에… 전혀 조화란 걸 생각해본 적 없는 것 같은 옷차림. 어렸을 때 모습 같은 건 어디에도 안 남아 있잖아!?'

'저 빨간 추리닝은 쟤 유니폼이야 뭐야. 거기다 팬더는 대체 왜 맨날 품고 다니는 거야? 분홍, 회색 말고 청록색도 있었어! 보색이라 더 눈에 띄잖아? 회츄 바지는 또 몇 개고…'

'마트에서도 얘랑 같이 다니면 엄청 눈에 띌 텐데, 젠장… 살 것만 빨리 사고 돌아가자고 해야겠어.'

하지만 재희는 연이의 친구 경태를 처음 만난 자리에서 "진짜 미인이시다"라는 말에 '사람을 처음 보자마자, 외모 먼저 이러쿵저러쿵 평가하듯 얘기하는 게 잘하는 건 아니'라고 생각하는 자신을 보며 연이를 평가했던 스스로를 반성합니다. 연이의 겉모습만 보고 선입견을 갖고, 서툴고 딱딱한 연이의 말투를 오해했으면서 자신의 외모에 대해 이야기하는 경태를 지적한 것이 부끄럽게 느껴진 거예요.

연이는 이런 재희를 이해한다고 말합니다. 다른 사람의 반응과 겉모습에 유난히 신경을 쓰고, 특별히 예민하게 받아들이는 주제가 있는 것을 안다고 하죠. 그동안의 재희의 이야기나, 겉모습을 중시하는 한국 사회의 시선 속에서 경험한 일 때문에 그런 성격을 가지게 되었다는 걸 조금은 이해하게 되었다고요. 이처럼 한 사회의 문화는 자신도 모르는 사이에 개인의 성격과 생각, 무의식에 영향을 미칩니다. 이러한 문화가 익숙치 않은 외국인의 눈으로 볼 때는 이런 모습이 낯설게 느껴지기도 하죠. 연이가 재희를 옆에서 지켜보면서 재희를 이해하게 된 것처럼, 재희도 연이를 통해 몰랐던 자기자신을 알아갑니다.

연이에게 재희는 한국으로 오게 된 이유 중 하나입니다. 연이는 어릴 적 재희가 '한국에 놀러 와'라는 메시지를 적어놓은 엽서를 보고 한국에 가보고 싶어졌어요. 드라마를 통해 본 한국은 어떤 나라일지, 어릴 적 좋아했던 재희는 어떤 어른이 되었을지 궁금했습니다. 하지만 막상 도착한 서울은 경직된 도시였고, 재희역시 그랬습니다. 자신을 불편해하고, 제대로 기억하지도 못했죠. 연이가 보기에 재희는 '자기 몸 돌볼 줄 모르고, 일 중독에, 사서 고생에, 항상 피곤해 보이고, 남 눈치를 많이 보며, 때로는 솔직하지 못하고, 참견쟁이에, 오지랖이 넓고, 입이 험하고, 성격도 급한' 사람이었습니다.

하지만 함께 지내며 그런 모습은 재희가 '혼자 살아내기 위해 만들어낸 모습'이라는 걸 깨닫습니다. 재희는 '늘 힘껏 달리고, 끊임없이 싸워왔고, 사실은 무리하고 있었'던 거죠. 어릴 적과 변하지 않은 모습도 찾을 수 있었습니다. 이렇게 두 사람은 함께 지내며 점점 서로를 알아가고, 서로를 이해하게 되면서 마음을 열게 됩니다. 문화적 차이와 편견을 넘어 서로의 진정한 모습을 보게 된 것입니다.

타인을 통해 나를 바라보기

어린 시절부터 늘 집에 없던 아버지 때문에 재희는 뭐든 혼자 해내는 것이 익숙했습니다. 독립심이 강하고 지기 싫어하는 성격 덕분에 지금까지 누구에게도 자존심 굽히지 않고 씩씩하게 살아왔죠. 예쁜 얼굴 때문에 받아온 관심과 오해들 때문에 사람들과는 늘 거리를 두고, 회사에서 무리한 일을 시키는 상사, 뒷담화하는 동료 직원들 때문에 울고 싶지만 참는 것이 더 익숙해 내색하지도 않습니다. 이런 성격은 재희를 무리하게 만듭니다.

그런 재희에게 연이는 '왜'냐고 물어봅니다. 다른 부서의 일을 왜 재희가 해야 하는지, 왜 밥도 굶고 잠까지 줄여가며 일을 하는지……. 시대가 달라지고 세대가 교체되면서 많이 바뀌었지만, 과로를 불사하며 근면성실하게 일하는 것은 한국 사람들에게 당연한 문화였습니다. 하지만 외국인인 연이에게 이런 문화는 이상해 보이기만 합니다. 집까지 일을 잔뜩 가져와 일하는 재희에게 잘못된 일이라고, 부당하다고 얘기하죠. 연이는 재희가 당연하다고, 어쩔 수 없다고 생각했던 것들을 새로운 눈으로 볼 수 있게 만들어주는 사람입니다. 헛소문과 오해에 시달리는 재희를 아무도 도와주지 않을 때도 재희가 무엇 때문에 힘들어하는지 물어봐주고 걱정해주는 것도 연이입니다. 늘 혼자였던 재희의 삶에 기댈 수 있는 존재가 나타난 거예요.

하지만 남에게 약한 모습을 보이지 않기 위해 늘 애쓰던 재희에게 연이의 다정함은 너무나 낯설고, 자신을 약하게 만드는 것만 같습니다. 재희는 상처받지 않기 위해 사람들과 어울리지 않고, 감정에 휘둘리지 않으려 애쓰지만 집 앞에서 눈물이 터져버리고 맙니다. 연이를 통해 익숙했던 것들을 낯설게 바라보게 되면서 재희는 스스로를 더 자세히 들여다볼 수 있게 되었어요. 혼자서 뭐든 똑부러지게 해내던 재희도 사실은 외로웠고, 기댈 곳이 필요했던 거였어요. 자신의 감정을 인정하고 받아들이게 된 재희는 스스로를 탓해 집을 나간 연이를 되찾으러 갑니다. 약해 보이지 않기 위해 애써 숨기던 자신을 똑바로 바라봐준 연이를 좋아하게 되었거든요.

다름을 넘어 다음으로

재희와 연이는 완전히 다른 사람입니다. 문화의 차이 때문이기도 하지만, 두 사람이 나고 자란 환경이 다르고 둘의 성격이 다르기 때문이기도 합니다. 이런 두 사람이 서로를 이해하기까지의 과정도 쉽지는 않았습니다. 각자의 첫인상은 엉망이었고, 왜 그런 말을 하고 그런 행동을 하는지 서로를 이해할 수 없었죠. 하지만 서로를 알아가고 편견을 한 꺼풀 벗겨내자, 두 사람의 진정한 모습이 보이기 시작합니다. 처음 생각했던 서로의 단점은 보이지 않을 정도로 좋은 점이 많다는 사실을 알게 되죠. 다르다는 것은 서로를 바라보는 데 있어 아주 사소한 것에 지나지 않는다는 사실도요. 연이의 팬더 티를 부끄러워했던 재희는 이제 당당히 말할 수 있습니다. "네가 잠옷을 입고 있건 팬더 티를 입고 있건 상관없다고!"라고 말이에요.

어색하게 시작한 재희와 연이의 동거는 어느덧 둘을 서로에게 꼭 필요한 사람으로 만들었습니다. 재희와 연이가 차이를 극복하고 서로에게 소중한 사람이 되기까지 작품 속 두 사람이 겪는 갈등은 모두 대화를 통해 해결됩니다. 두 사람이 겪는 모든 사건과 오해 속에서도 언제나 대화를 하고 있다는 것 알고 있나요? 서로에 대한 오해, 그 때문에 미안한 마음, 고마운 마음과 사랑까지 두 사람은 언제나 허심탄회하게 이야기합니다. 말하지 않아서 가끔 오해가 생길 때도 있지만, 아주 잠깐일 뿐이죠.

나와 다른 타인과의 대화는 당연하고 익숙하게 생각했던 나를 낯설게 바라보게 하고, 이를 통해 새로운 관점에서 나를 바라보며 스스로를 더 깊이 이해할 수 있게 합니다. 문화의 차이도 마찬가지입니다. 중요한 것은 열린 마음으로 서로를 바라보고, 타인이 속한 상황과 맥락에서 낯선 문화를 바라보는 일이에요. 서로의 다름을 인정하고 소통할 때 진정한 관계 개선이 가능하고, 서로를 진심으로 이해하고 받아들여야만 서로를 향해 한 발짝 더 나아갈 수 있는 것입니다.

서로 다른 언어를 사용하고, 서로 다른 문화 속에서 전혀 다른 모습으로 성장한 두 사람이 '우리 집'에서 만나 서로를 알아가는 이야기, 잘 보았나요? 재희와 연이는 대화와 소통을 통해 서로를 이해하고, 편견을 바로잡으며, 나아가 자신의 약한 모습을 받아들이고 있는 그대로 인정하게 됩니다. 사람은 누구나 스스로 인정하고 싶지 않은 단점과 약점이 있지만, 그런 모습까지 인정하고 받아들일 때 진정한 나 자신으로 성장할 수 있습니다. 그리고 이러한 성장은 서로를 있는 그대로 바라봐주는 타인과의 진솔한 관계에서부터 시작되기도 합니다. 재희와 연이가 그랬던 것처럼 말이에요. 혹시 나와 다르다는 이유로, 조금 다르게 생각하고 말하고 행동한다는 이유로 타인에 대한 막연한 두려움과 선입견을 갖고 있지는 않나요? 그렇다면 먼저 다가가 그 사람과 대화를 시작해보면 어떨까요? 나와 다른 남을 있는 그대로 인정하고 사랑함으로써 여러분도 한층 더 성장할 수 있을 테니까요. 어쩌면 재희와 연이처럼 편견 뒤에 감춰졌던 보석 같은 마음을 발견할 수도 있지 않을까요?

1 연이를 처음 만난 재희는 연이의 옷차림을 보고 연이에게 편견을
갖습니다. 옷차림이나 외모를 가지고 상대방을 평가하는 일에 대
해 어떻게 생각하나요? 그런 경험이 없는지 생각해보고 내 생각
을 이야기해봅시다.

2 세계화는 한 사회의 구성원들이 다른 문화를 받아들이며 다양한
관점을 접하고 시야를 확장할 수 있게 만들었습니다. 예전에는
당연한 것처럼 받아들여졌던 우리 문화도 우리와 다른 생활양식
과 다른 관점을 가진 타 문화를 받아들이며 점점 변화하고 있죠.
이처럼 타 문화를 접하며 달라진 우리 문화에는 어떤 것이 있을
까요? 함께 생각해봅시다.

예) 자연스러운 커피 문화, 종교의 다변화, 유교 문화에 대한 인식 변화 등

생각 날기

1 21세기는 다양한 문화가 공존하는 다문화 사회입니다. 하지만 오랜 시간 한 곳에 뿌리내린 문화는 사람들의 의식과 사고방식에 큰 영향을 미칩니다. 이 때문에 나와 다른 낯선 타인에게 편견을 갖거나 그들을 적대적 시선으로 바라보게 되기도 하죠. 여러 문화가 공존하는 만큼, 다문화 사회에서는 우리 문화와 다른 문화를 존중하고 올바르게 이해하려는 노력이 필요합니다. 다음 사례를 읽고, 그 아래 박스 안의 내용을 참고하여 나의 생각을 서술해 봅시다.

우리 사회는 1990년대 말부터 국제결혼과 외국인 근로자의 이주로 급속히 글로벌화되었습니다. 이주민의 증가로 다문화 가정도 크게 늘어나게 되었죠. 2022년 기준으로 우리나라에 거주하는 외국인은 약 213만 명입니다. 길거리에서 외국인을 마주치는 일이 드물지 않은 일이 되었지만, 우리와 다른 외모를 가지고 다른 언어를 사용하는 낯선 이들에 대한 이질적인 시선은 한 세대가 지나도록 여전합니다.

한국에서 태어난 다문화가정 2세들에게도 이런 이질적이고 차별적인 시선이 향하는 것은 마찬가지입니다. 사람들은 '다문화가정'이라고 하면 형편이 어렵거나 도움이 필요한 사람들이라고 여기거나, 한국에서 나고 자랐는데도 한국문화를 알리고 가르쳐줘야 할 대상이라고 생각하기도 합니다. 이런 생각들은 다문화

가정 2세들이 우리 사회에 자연스럽게 녹아들지 못하게 하고 소속감을 느끼지 못하게 합니다.

백인 혼혈인 다문화 2세와 동남아 혼혈인 다문화 2세를 보는 시각의 차이도 문제가 됩니다. '백인 혼혈은 예능하고, 동남아 혼혈은 다큐하냐'는 다문화 2세들의 자조적인 농담은 이들을 대하는 인종차별적인 시선을 그대로 드러냅니다. 다양한 사람들과 다양한 문화에 대한 몰이해가 우리 사회에 함께 존재하는 이들을 차별하고 배제하고 있는 것입니다.[1]

다문화 사회에서는 어떤 눈으로 타 문화를 바라봐야 하는가?

위 사례에 나타난 문화 이해의 문제점은 무엇인가?

우리는 다른 문화에 대해 어떤 태도를 취해야 하는가? 그렇게 생각하는 이유는 무엇인가?

---

1   이진한 · 김금이, 「백인 혼혈은 예능, 동남아 혼혈은 다큐… 차별에 멍드는 다문화 2세」, 『매일경제』, 2021.5.4.

마무리 : 주제 논술

한국의 대중문화가 해외로 전파되어 소비되기 시작한 지 20여 년이라는 시간이 흘렀습니다. 이제는 음악과 드라마를 넘어 한국 의 패션이나 음식까지도 해외에서 인기를 끌고 있죠. '한류'는 세 계적인 현상입니다. 한국 문화의 영향력이 점점 커져가는 만큼 다른 문화를 받아들이는 우리의 태도에도 더 세심한 주의를 기울 일 필요가 있습니다.

문화절대주의

한 문화를 기준으로 다른 문화를 부정하려는 태도를 의미한다. 문화절대주의 에는 자기 문화만 우수한 것으로 믿고 다른 문화를 부정적으로 평가하는 태도인 자문화 중심주의와 다른 문화를 우수한 것으로 생각하고 동경해 자기 문화를 업 신여기거나 낮게 평가하는 태도인 문화사대주의가 있다.

문화상대주의

한 문화를 그 문화가 발생한 역사적·사회적 상황에서 이해하려는 태도를 문 화상대주의라 한다. 각 문화에 담긴 고유한 뜻과 가치를 이해함으로써 문화의 다 양성 인정하는 방식으로 타문화를 이해한다. 서로 다른 문화 사이에서 나타날 수 있는 갈등과 분쟁을 예방하고 해결하는 데 도움을 줄 수 있다.

다음 사례를 읽고 다른 문화를 어떤 관점으로 바라봐야 하는지 논술해봅시다. 나아가 세계로 뻗어 나가는 우리 문화의 확산과 전파 과정에서 우리가 갖춰야 할 태도는 무엇인지 함께 생각해봅시다.

2010년에 발매된 노라조의 〈카레〉라는 노래는 재미있고 중독적인 가사로 인기를 끌었습니다. 하지만 노래가 발매된 지 10년 만에 해외 케이팝 팬들로부터 가사가 인종차별적이라는 비판을 받게 됩니다. 아이돌 그룹 세븐틴이 라이브 방송에서 〈카레〉를 부른 것이 시발점이었어요. 이 곡의 후렴에는 '샨티'라는 말과 '카레', '요가 화이아'라는 단어가 반복적으로 등장합니다. 해외 팬들은 이 노래가 인도의 신 가네쉬를 찬양하는 단어 '샨티'를 희화화하고, 인도인과 남아시아인을 '카레 사랑꾼'이자 '요가' 외에는 아무것도 하지 않는 사람으로 그리고 있다며 많은 인도 캐럿(세븐틴 팬클럽)들에게 상처를 주는 인종차별적 묘사라고 비판했습니다.

노라조 멤버 조빈은 자신의 인스타그램에 노라조는 인종차별이나 종교 모독의 생각을 전혀 가지고 있지 않고, "진정코 누군가를 비하하거나 소중한 한 나라의 문화와 전통을 깎아내리려는 마음으로 만든 노래가 아님을 말씀드리고 싶다"며 사과했습니다. 이어 다른 나라에 대한 무지에서 시작된 노래가 다른 사람들에게 상처가 되지 않길 바란다고 언급했습니다.[2]

2   이유진, 「노라조 조빈, 대표곡 '카레' 인종차별 논란 사과… 발표 10년 만에 왜?」, 『경향신문』 2020.7.16.

04

세계시민으로서
어떻게 살아야 하는가?

지속 가능한 삶, 삶의 소중함, 세계시민 윤리

세계시민은 그리스 사상가 디오게네스가 처음 사용한 개념으로, 자신은 "인종이나 믿는 신이 달라 걸핏하면 싸우는 도시국가"에 속하지 않고 "세계 · 우주 · 자연에서 온 자연인"이라고 주장한 것에서 시작되었습니다. 디오게네스의 말처럼 세계시민은 개인과 사회, 국가를 넘어 전 지구적 문제에 관심을 가지고 지구촌의 문제를 자신의 문제로 여기며, 이를 해결하기 위해 적극적으로 노력하는 사람을 의미합니다. 여기서 말하는 지구촌의 문제란 전쟁과 기아, 지구 곳곳에서 벌어지는 인권침해, 환경파괴가 야기한 자연재해와 같이 지구촌 구성원들의 인간다운 삶을 위협하는 모든 종류의 문제들을 포함합니다.

우리가 먹는 커피와 밀가루, 우리가 입는 옷들은 지구 어딘가에서 값싼 임금을 받으며 착취당하는 어린이의 손을 거친 것일지도 모릅니다. 우리가 쓰는 전기를 생산하기 위해 화력발전소가 뿜어낸 이산화탄소가 지구온난화의 원인이 되어 북극의 빙하를 녹이고 있을지도 모르죠. 같은 별에 발붙이고 살아간다는 이유로 우리는 지구 반대편의 누군가에게 조금씩 빚을 지고 있습니

다. 크든 작든 서로 영향을 주고받는 지구 공동체에 소속된 우리
는 세계시민으로서 지구촌의 문제에 관심을 기울여야 합니다. 그
렇다면 이러한 문제를 해결하기 위해 어떻게 해야 할까요?

문제의 해결은 지구 공동체에 속한 우리가 같은 별을 공유하는
다양한 생명체와 관계 맺고 있다는 사실을 인지하는 것으로부터
시작됩니다. 인간은 같은 인간뿐만 아니라 같은 지구를 공유하는
자연과도 대등한 관계를 맺고 있습니다. 자연을 바라보는 인간중
심적 관점에서는 자연을 인간의 필요를 충족하기 위한 수단으로
보고 도구적 가치를 중시했습니다. 하지만 자연은 인간의 이익과
상관없이 그 자체로 소중한 존재이므로 생태주의적 관점으로 바
라볼 필요가 있습니다.

서로 영향을 주고받는 관계인 인간과 자연은 조화롭게 공존해
야 하며, 이를 위해 인류는 '환경적으로 건전하고 지속 가능한 발
전', '지속 가능한 삶'을 추구해야 합니다. 우리 자신이 관계 속에
서 공존하는 존재임을 알고 그것을 지켜나갈 때, 내가 하는 일의
사회적 영향력을 고려하며 타인과 사회에 도움을 줄 수 있는 일
을 삶의 목표로 삼을 때 우리는 비로소 삶의 소중함을 깨닫고 지
속 가능한 삶으로 나아갈 수 있을 것입니다.

합격시켜주세용

이온 / 네이버웹툰 / 2019~2023 / 전체 이용가

〈합격시켜주세용〉은 천 년을 수련하고도 인간 때문에 용이 되지 못한 이무기들이 낙동강 용이 되기 위해 '인간의 이해'에 관한 시험을 치르는 이야기입니다. 이무기들은 자신이 용이 되지 못하게 한 원인인 인간들을 조력자로 삼아 시험을 치르죠. 때로는 원수로, 때로는 친구로 인간을 이용하거나 도움을 받아 인간을 이해하면서 인간과 비슷한 모습과 사고방식을 한 자신의 모습을 들여다보고 서로를 이해하기도 합니다.

시험은 단순히 누군가의 자격을 평가하고 점수를 매겨 순위를 가르기 위한 수단으로 이용되기도 하지만, 치르는 내용에 따라 누군가를 성장시키기도 합니다. 인간을 알고 인간을 이해하는 이무기만이 통과할 수 있는 용 되기 시험, 궁금하지 않나요? 서로 다른 존재인 인간과 이무기는 어떻게 서로를 이해하고 어떤 방식으로 함께 살아갈 수 있을까요?

교과서 속 인문학 콘셉트

국토의 70%가 산지로 이루어진 우리나라는 수려한 산지와 강이 지역마다 아름다운 경관을 만들어냅니다. 삼면이 바다로 둘러싸여 있어 다양한 경관의 자연을 볼 수 있기도 하죠. 이 땅에 사는 우리는 자연과 밀접한 연관을 맺고 환경과 영향을 주고받으며 살아갑니다.

산업혁명과 기술 혁신은 인간이 자연의 제약을 극복할 수 있게 했고, 이에 따른 자원 소비의 증가는 환경오염과 환경 파괴로 이어졌습니다. 이렇게 발생한 오염은 자연환경은 물론 인간 생활에도 큰 영향을 미칩니다. 강과 바다가 오염되어 생태계는 생명체가 살 수 없는 환경으로 변했습니다. 지구 평균기온이 높아지며 해수면이 상승하고 녹지는 황폐해졌습니다. 가뭄이나 홍수와 같은 자연재해도 빈번히 발생하게 되었어요.

환경오염과 기후변화는 더 이상 멀리 있는 문제가 아니라, 당장 해결하지 않으면 인간의 삶을 위협할 코앞의 문제로 다가왔습니다. 기후변화가 나와 우리의 문제로 다가오는 이때, 세계시민으로서 우리는 자연을 인간의 필요 충족을 위한 도구로 바라보는 관점을 지양하고, 자연과 조화롭게 공존할 수 있도록 지속 가능한 발전 방안을 모색해야 합니다.

관련된 교과

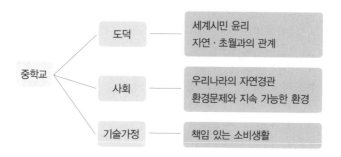

중학교
- 도덕 — 세계시민 윤리
  자연·초월과의 관계
- 사회 — 우리나라의 자연경관
  환경문제와 지속 가능한 환경
- 기술가정 — 책임 있는 소비생활

먼저 알아둬야 할 개념들

우리나라의 자연경관

우리나라는 국토의 70%가 산지로 이루어져 있으며 사계절이 뚜렷하다. 국토의 대부분을 차지하는 수려한 산지에서 평야로 하천이 흐르면서 다양한 경관을 만들어내는데, 이 지형들이 주변 경관과 어우러져 아름다운 풍경을 이룬다.

산업 이전에 따른 환경 문제

산업혁명과 기술 혁신은 인간이 자연의 제약을 극복하게 했고, 이로 인한 폭발적 인구 증가는 환경 악화 요인으로 작용하였다. 인구 증가로 소비가 늘어나면 폐기물의 양이 함께 증가하며 생태계의 수용 능력을 넘어서는 각종 오염이 발생하는데, 이렇게 발생한 오염은 각종 자연재해의 원인이 된다.

물질주의적 소비 생활과 환경 문제

물질적 만족을 최고로 여기는 소비 생활은 자원 고갈과 환경 파괴로 이어지고 지구 생태계의 자정 능력을 위협한다. 따라서 우리는 개인의 욕구 충족뿐만 아니라 소비 행동이 사회에 미칠 영향까지 고려하는 책임 있는 소비 생활을 위해 노력을 기울여야 한다.

학습 목표

1 인간과 자연의 바람직한 관계에 대해 이해할 수 있다.

2. 환경오염이 초래하는 문제점을 알고 다양한 차원의 해결 방안을 모색할 수 있다.

3. 상상력과 공감을 통해 나와 다른 존재의 입장을 이해하고 글을 쓸 수 있다.

낙동강 용 도전기

　더운 여름이면 북극의 빙하가 모두 녹아 사라지고, 북극곰과 펭귄이 삶의 터전을 잃어버리는 세상을 상상해본 적 있나요? 상상이 아니라 실제로 일어나고 있는 일이라면 어떨까요. 우리는 지금 지구온난화와 기후 위기라는 말이 더 이상 멀게만 느껴지지 않는 시대를 살아가고 있습니다. 우리가 사는 이곳에서도 기후 위기라는 말은 더 더운 여름과 더 추운 겨울로, 피부로 느껴질 만큼 가까이 다가온 것 같아요. 기후 위기와 기후 위기를 초래하는 환경오염은 이제 방학의 끝자락에 닥친 방학숙제처럼 미룰 수 없는 문제가 되었습니다.

　인간은 문명의 발달로 더운 여름과 추운 겨울을 걱정 없이 날수 있게 되었지만, 에어컨도 보일러도 없는 곳에서 기후 위기를 맞는 동물들은 어떻게 살고 있을까요? 인간이 버린 쓰레기로 망가진 강과 바다에 살고 있는 동물들은 인간을 미워하고 있을까요? 〈합격시켜주세용〉은 인간과의 악연으로 승천에 실패한 이무기들의 수험기입니다. 용이 되기 위해 천 년에 한 번 있을까 말까한 시험에 도전하는 이무기, 바리의 수험기를 펼쳐봅시다.

조상님의 업보

〈합격시켜주세용〉의 주인공 바리는 천 년을 수련했지만 용이 되지 못한 이무기입니다. 천 년을 수련한 뱀이 승천할 때 그걸 본 인간이 '뱀이다!'라고 말하면 승천하지 못하고 이무기가 되거든요. 이렇게 승천에 실패한 이무기는 다시는 용이 될 기회를 얻지 못합니다. 그러니 천 년의 수련을 물거품으로 만든 인간이 얼마나 밉고 싫겠어요? 승천하는 용을 뱀이라 부른 인간들은 그 업보로 이무기의 저주를 대대로 물려받습니다. 저주의 내용은 사람마다 다르지만 대개는 그들이 가치 있게 여기는 것들을 하나씩 빼앗기게 됩니다. 영원히 명예를 얻지 못하거나, 진정한 친구를 얻지 못하거나 하는 방식으로 말이죠.

주인공 바리를 뱀이라 부른 김 서방은 평생 자신이 진정으로 원하는 것은 결코 얻지 못하는 저주를 받았습니다. 이런 업보를 대대로 물려받은 김 서방의 후손 찬영은 똑똑하고 능력이 좋지만 만년 취준생에 머물러 있습니다. 하지만 동네에서는 족집게로 유명한 전설의 과외 선생님으로 통하기도 하죠. 집안에 수험생이 있는 사람이라면 누구든 찬영이 과외를 해주기를 바랄 정도입니다. 능력도 있고 욕심도 있지만, 찬영은 바리의 저주 때문에 매번 취업에 실패하고 과외 아르바이트를 하면서 먹고살고 있습니다.

반복된 실패와 오래된 과외 경력으로 인해 찬영이 세상을 보는 눈은 지독히 현실적입니다. 눈앞에 닥친 현실이 다른 무엇보다 중요하고, 냉정하고 객관적인 눈으로 세상을 바라보는 찬영의 앞에 바리가 나타납니다. 바리가 찬영을 찾아온 이유는 낙동강 용이 되기 위한 시험 때문입니다. 환경오염으로 죽어버린 낙동강 용을 대신할 용이 필요했거든요. 찬영은 대대로 이어진 자신의 업보를 끊기 위해 바리를 도와주게 됩니다.

이미지 / 네이버웹툰 〈합격시켜주세요〉

인간의 이해

용이 되기 위한 시험이 치러지는 낙동강은 북한의 압록강 다음으로 한반도에서 두 번째로 긴 강이며, 남한에서는 가장 긴 강입니다. 경사가 완만하여 배가 쉽게 다닐 수 있어서 과거에는 수로교통에 주로 이용되었어요. 강 하구에는 우리나라 최대 충적평야인 김해평야가 형성돼 있어 강 유역에 가야와 신라 문명이 눈부시게 발전하기도 했습니다. 지역 사람들이 마실 상수도원으로 이용되기도 하고, 강 유역의 다양한 지형은 관광 자원으로 활용되기도 합니다. 인간의 삶에 아주 가까이 있는 강이라고 할 수 있죠.

하지만 인간 삶에 큰 영향을 끼치는 만큼 인간에게 많은 영향을 받기도 하는 곳이 낙동강입니다. 느린 유속 때문에 자주 범람해 농경지에 피해를 입히기도 했어요. 강의 흐름을 인위적으로 막는 공사로 생태계가 파괴되기도 했습니다. 공장에서 흘러들어오는 폐수와 오염물질, 각종 생활하수로 인한 오염도 심각합니다. 인간에게 도움을 주고 인간 생활에 매우 가까운 강이지만, 인간에 의해 생명력을 빼앗기는 운명을 타고난 강이기도 합니다.

 낙동강 용이 되기 위한 시험의 주제는 '인간의 이해와 조화'입니다. 낙동강 용은 인간이 초래한 환경오염으로 더는 강에서 살수 없어 죽었는데 인간에 대한 이해가 시험 주제라니 이상하지 않나요? 시험 주제를 들은 이무기들도 마찬가지였어요. 낙동강용이 죽은 이유도, 자신들이 승천하지 못하고 이무기가 된 이유도 인간들 때문이었으니까요.

 한강 용 담설이 심사하는 중간시험의 문제는 인간이 가장 소중하게 생각하는 것을 한 가지씩 가져오는 것이었습니다. 이무기들은 조력자 인간의 도움을 받아 아름다움이나 부처럼 인간이 중요하다 생각하는 것들을 하나씩 가져옵니다. 하지만 바리는 처음 찬영이 생각했던 답인 '산소'를 제출하고 비웃음을 당하죠. 산소는 인간의 삶에 꼭 필요하지만, 흔하고 뻔한 답이라 다른 이무기들을 납득시킬 수 없었습니다. 위기의 순간, 바리를 위해 답을 구하러 갔던 찬영이 돌아옵니다. 하수 처리를 거친 낙동강 물을 가지고요. 찬영은 오염된 낙동강 물을 정화해 가져오면서 이렇게 설명합니다. 낙동강 물을 오염시킨 건 인간이고, 오염으로 인한 피해는 자업자득이지만 "자신의 실수를 돌아보고 반성하며 복구하려고 노력하는 자성적 태도야말로 인간의 장점"이라고 말이죠. "개개인의 물질적인 것보다 한 차원 높은 가치"가 인류 전체의 보물이라는 말에 이무기들은 동의하기도, 동의하지 않기도 합니다.

강을 다스리려면

담설의 마음에 드는 답을 가져오지는 못했지만, 부상당한 이무기들의 기권으로 중간평가에 아슬아슬하게 합격한 바리는 서해용왕이 주관한 1차 시험에 불합격한 이무기들의 패자부활전을 소원으로 빕니다. 오직 한 명이 합격하는, 천 년에 한 번 있을까 말까 한 시험에서 소원으로 경쟁자들을 합격시킨 바리를 찬영은 이해하지 못합니다. 타인의 어려움을 그냥 지나치지 못하는 바리의 성격을 우유부단함으로 취급하고 자기 앞가림을 못 한다고 생각하죠.

바리는 친구의 어려움을 지나치지 못하고 발 벗고 나서는 다정하고 상냥한 성격의 소유자지만, 모두가 이런 성격을 강을 다스리는 용이 되는 데에 독이 된다고 여깁니다. 바리처럼 타인의 어려움을 자신의 어려움처럼 생각하는 무른 성격이 강을 다스리는 용에게 적합하지 않은 성격이라면, 강을 다스리는 용에게는 무엇이 필요할까요?

바리가 용의 추천서를 받기 위해 찾아간 섬진강 용은 스스로 용이 될 자격이 없다고 생각해 허름한 옷을 입고 주변의 쓰레기를 주워먹으며 노숙자처럼 생활하는 괴짜 같은 용입니다. 글을 몰라 바리에게 추천서를 써줄 수도 없고, 승천할 때 고통을 참느라 혀가 떨어질 정도로 깨무는 바람에 혀가 없어 말을 하지도 못하죠. 바리는 손에 큰 상처를 입어가면서 혀를 되찾아주고 섬진강 용의 추천사를 받습니다.

바리의 친구 영노는 용의 추천서를 받기 위해 금강 용을 찾아갑니다. 금강 용은 강을 오염시키는 인간들에게 깊은 증오심을 가진 잔혹한 성정의 용입니다. 추천서를 받으러 찾아간 영노에게 조력자인 순주를 제물로 요구하기도 하죠. 영노가 내린 저주로 부모님을 일찍 여의게 되는 업보를 타고난 순주에게 죄책감을 갖고 있던 영노는 금강 용에게서 순주를 숨겨주고 용의 화를 사게 됩니다. 금강 용은 인간 하나 때문에 중요한 시험을 포기한 영노가 이해되지 않았어요. 인간들 때문에 강의 권속들이 고통받고 있는데, 이를 되갚아주기 위해서라도 인간 하나 죽이는 게 문제가 되지는 않는다고 생각하니까요.

섬진강 용과 금강 용은 둘 다 강을 다스리는 용이지만 전혀 다른 성향을 가지고 있습니다. 자신이 다스리는 강의 미물과 권속들을 지켜줄 수 없어 안타까워하는 마음은 같아요. 하지만 섬진강 용은 강의 쓰레기들을 자신이 먹어치움으로써 강의 오염을 조금이나마 해결하려 하고, 금강 용은 강의 오염으로 인한 괴로움을 인간을 향한 분노와 증오로 표출합니다.

남을 해하기보다 스스로를 희생해 강을 지켜나가려는 섬진강 용의 태도가 금강 용보다 평화적이긴 하지만, 둘 다 오염에 대한 근본적인 해결책은 아닙니다. 용이 먹는 쓰레기의 양보다 인간이 배출하는 쓰레기의 양이 많다면? 쓰레기만 먹던 용이 더 이상 쓰레기를 먹지 못할 정도로 건강이 악화된다면 어떨까요? 강을 다스리는 용으로서 오염을 해결하려는 섬진강 용의 자세는 지속 가능한 방법이 아니라는 점에서 유의미한 해결책이 아닙니다. 그렇다고 금강 용처럼 인간 개개인에게 앙갚음하는 것으로 해결될 수 있는 문제도 아니죠. 인간 하나를 죽여도 다른 인간이 나타나 쓰레기를 버리고, 하수를 내보낼 테니까요. 환경오염은 문제의 발생도 해결도 개개인의 문제가 아니기 때문에 개인의 노력만으로도, 사적인 분노로도 완전히 해결할 수 없는 것입니다.

용의 자격

낙동강 용의 죽음으로 천 년에 한 번 있을까 말까 한 시험이 생기기 전, 뱀이 용이 되기 위해 필요한 조건은 천 년 동안 산속에서 수련을 거치는 것이었습니다. 인간과 접점이 생기면 수련에 실패할 가능성이 높았죠. 인간을 사랑해 천 년이라는 시간을 포기한 이시미가 그랬고, 믿었던 김 서방에 의해 승천하지 못하고 떨어져버린 바리가 그랬던 것처럼요. 김 서방을 사랑했지만 친구를 해친 것을 용서할 수 없어 스스로 모든 짐을 짊어진 담설처럼 평생 상처와 죄책감을 짊어지고 살아가기도 합니다. 승천하지 못하고 이무기가 되어 평생 좌절감에 빠져 살아야 하는 바리의 친구들 역시 인간이 아니었다면 무사히 승천해 용이 되었을지도 모르죠. 낙동강 용도 인간이 초래한 환경오염 때문에 죽었으니, 인간이 없는 세상이라면 모든 자연물들이 더욱 행복해하며 자신만의 세계를 꾸려 살아갈 수 있을지도 모릅니다.

다스리던 강을 포기하면서까지 한 사람의 인간을 살리고 싶어했던 낙동강 용, 인간을 사랑해 천 년의 시간을 포기한 이시미, 순주를 살리기 위해 제 발로 금강 용에게 갔던 영노는 모두 인간을 위해 스스로를 희생하고 용이 될 자격을 박탈당하거나 이무기의 뿔처럼 소중한 것을 잃어버립니다. 자신의 운명을 결정할 중요한 기로에서 인간을 선택한 이들의 선택은 어리석은 것이었을까요? 운명을 결정할 시험보다 한 사람의 인간을 더 소중히 여겨용이 될 자격을 포기한 이시미와 영노는 자신의 선택을 후회하게 될까요?

작든 크든, 우리 삶은 매순간 치르는 시험의 연속입니다. 성적으로 순위를 매겨 다음 단계로 넘어갈 자격이 있는지 없는지 평가하죠. 수능이 그렇고 면접이 그렇습니다. 이런 인간의 삶과 전혀 상관없을 것 같은, 뱀과 이무기들 역시 자격 증명을 위한 시험을 치릅니다. 인간처럼 생각하고 움직이며 시험이라는 삶의 방식을 같이하는 거죠. 낙동강 용이 되기 위한 시험이 있기 전, 용이 되기 위한 뱀의 자격은 인내심과 운으로 증명되었습니다. 천 년이라는 긴 시간 수련을 거치고, 인간의 방해 없이 무사히 승천하면 용이 될 수 있었던 거예요. 용이 되기 위해 수련하는 뱀의 입장에서 인간은 마주쳐서 좋을 것 없는 존재입니다.

그저 조용한 곳에서 인간을 피해 혼자서 노력하다 승천하면 그 만일 뿐이었던 시험은, 낙동강 용의 죽음으로 이무기들에게 기회 가 돌아가게 되면서 조금 달라집니다. '필연적으로 인간들 곁에 스며들어야' 하고, '위에서 내려다보거나 속이며 관찰하는 게 아 니라 완전히 녹아들어가'야 하죠. 인간에 의해 용이 되는 것에 실 패했는데도 인간을 이해하고 조화를 이루는 방법을 찾아야 한다 는 것은 언뜻 이무기들에게 잔인한 시험인 것 같기도 합니다. 하 지만 필연적인 관계를 맺고 서로에게 큰 영향을 주고받는 만큼 강과 인간은 반드시 조화를 이루고 공존할 수 있는 방법을 찾아 가야만 합니다.

중간평가에서 찬영이 했던 말처럼, 환경을 오염시키기도 하지 만 지키려 노력하는 것도 인간입니다. "물질적인 것보다 한 차원 높은 가치가 인류 전체가 소중히 여기는 보물"이기도 하죠. 하지 만 찬영이 제출한 답이 시험에 합격하지 못했던 건 왜일까요? 아 마 찬영의 말이 겉만 번지르르한 입에 발린 말로 느껴졌기 때문 일 거예요. 찬영은 그저 "입을 잘 털었을" 뿐이니까요.

용이 살 수 없는 환경의 낙동강, 인간에 의해 상처받고 일생의 기회를 빼앗긴 이무기들의 사정을 이해하지 못했던 찬영은 바리 와 함께하면서 서로의 입장에 공감하게 됩니다. 직접 낙동강의 오염을 경험하고 서로의 상처를 들여다보면서 각자의 아픔을 알 게 되기도 하죠. 둘은 함께하는 과정에서 서로의 이야기를 들여 다봄으로써 더욱 성장할 수 있었습니다. 시험의 주제가 '인간의 이해와 조화'였던 것도 결국은 강을 공유하며 함께 살아가야 할 인간과 이무기의 공존과 화합이 강을 다스리는 데 가장 필요한 덕목이었기 때문이었을 것입니다.

공감과 공존, 이해의 가치를 끝까지 잃지 않았던 바리는 결국 낙동강 용이 됩니다. 다른 이무기들의 업보를 모두 해결해주는 것은 물론 모두 낙동강에 자리를 마련해주기도 하죠. 누군가를 속이거나 해치지 않고 이길 수 있을 거라고 아무도 생각하지 않았던 시험에서 바리는 '한 차원 높은 가치', 즉 공존의 가치를 추구함으로써 용이 될 자격을 증명합니다.

이제 낙동강은 경쟁자를 짓밟고 승리한 단 하나의 이무기가 다스려야 할 강이 아니라 경쟁에 참여한 이무기들이 함께 책임지고 가꿔야 할 보금자리가 되었습니다. 하지만 그간의 시험이 아무런 의미가 없었던 것은 아닙니다. 시험을 통해 바리와 찬영은 두 사람 앞에 닥친 문제를 함께 해결하며 더욱 성장할 수 있었으니까요.

이무기들의 낙동강 용 되기 시험이 그랬듯, 시험은 흔히 자격을 증명하는 수단으로 쓰입니다. '자격'은 경쟁자들보다 좋은 성적을 내어 우월함을 증명함으로써 획득할 수 있죠. 경쟁 상황 속에서 타인은 싸워서 이겨야 하는 대상으로 존재합니다.

가뭄과 홍수, 태풍과 같은 자연재해가 인간의 생명과 재산을 크게 위협하던 과거에는 자연도 싸워 이겨야 할 정복의 대상이었습니다. 이무기들이 인간과 대립했던 것처럼 말이에요. 타인을 정복하고, 이기고, 경쟁해야 하는 대상으로만 여기는 방식은 이무기와 인간의 끊을 수 없는 악연인 업보를 만들어냅니다. 영노가 순주에게 그랬던 것처럼, 돌이킬 수 없는 업보는 결국 죄책감으로 돌아오죠.

인간을 대하는 금강 용의 방식도, 오염을 대하는 섬진강 용의 방식도 궁극적인 해결책은 아니었던 것처럼 자연과 사람의 관계는 한쪽을 일방적으로 착취해서도, 한쪽의 일방적인 희생을 강요해서도 안 되는 공생 관계입니다. 모두가 시험에서 이기는 것만이 단 하나의 답이라고 생각했지만, 성공으로 가는 길은 단 하나만 있는 게 아니었던 것처럼 말이에요. 중요한 것은 함께라는 것을 잊지 않는 자세일 것입니다. 혼자라면 할 수 없겠지만 함께라면 해결할 수 있을 테니까요.

생각 펼치기

1 우리는 〈합격시켜주세용〉에 등장하는 섬진강 용과 금강 용의 태도를 통해 자연과 인간의 관계를 엿볼 수 있었습니다. 섬진강 용은 환경오염을 개인의 힘으로 해결하려 하고, 금강 용은 인간에게 분노를 표출함으로써 보복하려 하죠. 그렇지만 건전하고 지속 가능한 방향이 아니라는 점에서 두 가지 방법 모두 적절한 해결방안이라고 보기 어렵습니다. 그렇다면 우리는 어떤 관점으로 해결방안을 찾아야 할까요? 개인적 차원에서부터 국가적 차원에 이르기까지, 해결을 위해 어떤 노력을 기울일 수 있을지 생각해 봅시다.

개인적 차원	예) 환경친화적 소비, 자원 절약 등
국가적 차원	예) 법제도 개선, 환경단체 지원 등

2 자연개발과 산업화로 우리의 물질생활은 풍요로워졌지만, 무분별한 개발이 낳은 환경파괴는 도리어 인간의 삶을 위협하기도 합니다. 자연을 인간의 풍요를 위한 도구로만 생각하고 함부로 대하면 그 대가는 반드시 우리에게 돌아옵니다. 하지만 한편으로는 인간 생활에 필수적인 자원의 활용과 경제발전을 위해서는 환경 개발이 필수불가결하다는 것도 틀린 말은 아닙니다. 환경 개발에 대한 여러분의 생각은 어떤가요? 인간과 자연의 바람직한 관계는 어떤 것인지, 우리는 무엇을 더 중요하게 여겨야 하는지 함께 생각해봅시다.

☑️
생각 날기

1 '녹조라떼'라는 말을 들어본 적 있나요? 녹조가 낀 강의 모습이 녹차라떼를 연상시킨다는 이유로 붙은 별명이죠. 녹조는 환경오염의 심각성을 직접적으로 보여주는 대표적 사례입니다. 심각한 수질오염은 강에 사는 생물들에게는 생명의 위협이 됩니다. 그렇다면 강에 사는 생명들은 인간에게 어떤 말을 해주고 싶을까요? 낙동강에 사는 물고기, 수초, 소금쟁이 등의 입장에서 인간에게 편지를 써보고, 내가 그 편지를 받았다고 생각하며 답장을 써봅시다.

1) 내가 강의 미물이거나, 낙동강 용의 권속이라면 인간들에게 무슨 말을 해주고 싶나요?

2) 위의 편지에 대한 답장을 써봅시다.

문유

조석 / 네이버웹툰 / 2016~2017 / 전체 이용가

현대인은 물질적으로 풍요를 누리고 있지만 정신적으로는 빈곤을 겪고 있습니다. 정신적인 빈곤은 물질이 인간의 존재를 압도하면서 일어나는 소외에서 비롯됩니다. 인간 소외는 인간이 자신의 가치를 찾지 못했을 때, 삶의 목적을 찾지 못했을 때 일어나는 현상입니다.

'나'의 가치는 개인의 나와 사회 속의 나로 나누어 생각해 볼 수 있습니다. 인간으로서의 나는 둘의 종합을 일컫는 말이기도 합니다. 개인의 욕망과 사회 속의 나의 욕망은 서로 충돌하지만 우리는 도덕적인 사고를 통해 조율해 나가면서 인간의 삶을 완성합니다. 그리고 이러한 도덕적 사고는 인간중심적인 사고에서 벗어나 생태주의적 관점에서 사고할 때 이루어질 수 있습니다.

〈문유〉는 풍요로운 세상에 혼자 남겨진 인간, 그리고 운석 조각이 떨어져 폐허가 된 지구에서 살아남은 사람들의 이야기입니다. 문유와 지구에서 생존한 사람들은 서로 다른 고통을 겪고 있습니다. 〈문유〉의 등장인물을 통해 어떤 것이 가치 있는 삶인가에 대해 생각해볼 수 있습니다.

교과서 속 인문학 콘셉트

　모든 인간은 죽음을 맞이하게 되므로 우리는 살아 있는 동안 어떻게 살 것인가에 대해 생각하게 됩니다. 특히 청소년기는 자아가 형성되는 중요한 시기로, 이와 같은 고민이 시작되는 때이기도 합니다. 그래서 중학교 도덕 교과서에는 어떻게 살 것인가에 대한 생각의 토대가 될 수 있는 인간이 추구해야 할 삶의 가치들을 다룹니다. 그리고 삶의 올바른 가치를 실현하면 만족감과 행복이 충족된 삶을 얻게 되면서 삶의 소중함을 깨닫게 된다고 알려줍니다. 즉 도덕 교과서는 인간에게 주어진 유한한 시간이 가치 있는 시간으로 빛날 수 있는 방법을 알려준다고 볼 수 있습니다.

관련된 교과

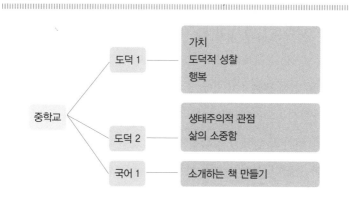

중학교	도덕 1	가치 / 도덕적 성찰 / 행복
	도덕 2	생태주의적 관점 / 삶의 소중함
	국어 1	소개하는 책 만들기

먼저 알아둬야 할 개념들

도덕적 성찰

우리는 '무엇을 위해 살아야 하는가', '앞으로 어떻게 살아야 하는가' 등의 물음을 자신에게 던지면서 잘못을 반성하고, 올바르게 살기 위한 방법을 고민한다. 이처럼 도덕적 관점에서 자신의 삶을 바라보고 바람직하게 살기 위한 구체적인 방법을 찾는 것이 바로 '도덕적 성찰'이다.

삶의 목적

삶의 목적을 설정할 때 잘할 수 있는 일, 좋아하는 일, 소중히 여기는 가치 등을 고려하는 것이 중요하다. 또 자신이 설정한 삶의 목적이 다른 사람과 사회에 주는 영향을 고려해야 한다는 것도 알 수 있다. 더 나아가 자기 삶의 목적이 다른 사람과 사회에 도움을 줄 수 있는 것이라면, 우리는 이를 실현하면서 더 큰 삶의 의미와 보람을 느낄 것이다.

생태주의적 관점

인간중심주의적 관점에서는 자연의 도구적 가치를 중시하고, 자연은 인간의 필요를 충족하기 위한 수단이라고 본다. 이를 반성하며 등장한 것이 생태중심주의적 관점이다. 생태중심주의적 관점은 자연의 본래적 가치를 중시하고, 자연은 인간의 이익과 상관없이 그 자체로 소중하다고 본다.

삶의 소중함

우리는 타인과 인연을 맺고 그것을 지켜가면서 관계를 이어나
간다. 누군가 자신을 믿어주거나 아껴줄 때 삶의 소중함을 느낄
수 있다. 간절한 꿈이나 소망 등을 이루어갈 때에도, 취미나 종교
활동을 통해서도, 그리고 물건을 얻었을 때에도 삶의 소중함을
되새기게 된다.

학습 목표

1 나와 타인의 관계에 대해 인식할 수 있다.

2 인간이 추구해야 할 바람직한 삶의 가치를 알고, 이를 통해 행복한 삶에
대해 생각해 볼 수 있다.

3 나의 삶을 성찰한 후 묘비명을 작성할 수 있다.

슬기로운 우주 생활

인간이 인간다울 수 있는 선택

우주는 인류에게 미지의 공간이자 신적인 공간이었어요. 정월
대보름이면 보름달 속에서 달토끼가 방아를 찧는다고 믿었고, 달
이 우리의 미래를 환하게 밝혀주기를 바라면서 사람들은 열심히
소원을 빌었어요.

1969년 닐 암스트롱이 달에 첫걸음을 내디딘 이후, 인류는 우
주를 개척해야 할 대상으로 인식하기 시작했습니다. 제국주의 국
가가 식민지를 개척하고 지배했듯이, 이제는 우주를 개척하기 위
한 국가 간 치열한 경쟁이 시작됐습니다. 과학기술의 발달로 두
려움과 경배의 공간이었던 우주는 이제 이익을 얻기 위해 개척해
야 할 땅으로 바뀌었습니다. 그리고 지금은 인류의 피난처로, 지
구 다음의 생존 대안 구역으로 우주에 대한 인식이 다시 바뀌고
있습니다.

사람들은 서유럽에서 시작한 제국주의 팽창 정책[1]을 진보의 조

---

1 다른 나라를 정치적·경제적으로 예속하여 영토나 세력 또는 상품 시장
   을 넓히려는 정책.

건으로 평가합니다. 하지만 제국주의 팽창 정책은 더 많은 물질을 차지하고 싶은 욕심에 불과합니다. 팽창 정책으로 자연이 파괴되고 수많은 사람이 죽었지만, 이는 인류의 진보란 명목으로 그 누구도 문제 삼지 않았습니다. 왜냐하면 지구에서 가장 가치 있는 존재인 서유럽 사람들을 풍요롭게 만들기 때문이었습니다. 이것이 바로 인간중심주의적 사고의 토대입니다.

인간중심주의적 사고는 풍요를 누리기 위해서 저지른 비윤리적 행동에 면죄부를 주는 것입니다. 그래서 인간중심주의 사고는 물질만능주의와도 긴밀하게 작동됩니다. 인간중심주의와 물질만능주의가 만연한 우리 사회에서 누군가는 물질이 가져온 풍요로움을 마음껏 누리지만, 누군가는 빈곤으로 고통스러운 삶을 이어가고 있습니다. 또 누군가는 세상의 주역으로 자리매김하지만 누군가는 소외된 채 비참한 삶을 연명하고 있기도 합니다. 인류의 발달은 모두에게 행복을 가져다주지 않았습니다. 그렇다면 우리는 어떤 가치를 추구하면서 살아야 할까요?

조석 작가의 〈문유〉는 기술이 발달한 인류가 재난을 피하기 위해서, 그리고 지구의 수명을 늘리기 위해 달 프로젝트를 진행하는 상상을 그린 웹툰입니다. 주인공 문유를 통해 인간의 존재가 어떻게 증명되는지를 알고, 이를 통해 현대인이 안고 있는 문제점을 바라볼 수 있습니다.

그저 그런 지구 생활, 쓸모없는 달빵 생활

우주기술이 발달한 2050년 지구에서는 7년 후 소행성이 지구와 충돌할 수 있다는 사실을 발견하고 운석과 지구의 충돌을 막기 위한 '달 방패' 계획을 세웁니다. 그런데 여기에 '달 거주지 건설'이라는 목표가 추가되고 이를 실행할 100명의 학자와 전문가를 달로 파견합니다. 이들은 6년 10개월 만에 달 기지 건설 임무를 완수하고 지구로 귀환했습니다. 그런데 존재감이 약한 문유는 달에 혼자 남겨지게 됩니다. 설상가상으로 지구의 '달 방패' 계획은 일부분 실패하고 문유는 지구가 멸망하는 것을 홀로 달에서 지켜봅니다. 문유는 이제 달에서뿐만 아니라 세상에 혼자 남겨졌다고 생각합니다.

왜 문유는 달에 혼자 남겨진 걸까요? 문유는 평소 존재감이 희미했어요. 대학에 입학할 때도 졸업할 때도, 동물학자로서의 업적도 '그저 그랬다'고 합니다. '그저 그렇다'는 영어로 indifferent이며, '그저 그렇다' 이외에도 '무관심한', '썩 좋지 않은'의 뜻을 가지고 있습니다. 형용사 앞에 접미사 in이 놓이면 그 단어의 부정, 반대의 뜻이 됩니다. 그래서 indifferent의 반대는 different라고 볼 수 있는데요, different는 '다른', '(각양)각색의', '색다른', '특이한'의 뜻을 가지고 있습니다. 맛집에서 주문한 음식이 기대에 부응하지 못할 때, 새로 구입한 옷이 별로 마음에 들지 않을 때, 성적이 좋지는 않지만 딱히 나쁘지도 않을 때 '그저 그렇다'고 합니다. 좋지도 나쁘지도 않은 상태, 특색이 없거나, 평범함보다 수준이 낮거나 하는 부정적인 의미를 표현하고 싶을 때 '그저 그렇다'고 말합니다. 즉 그저 그런 문유는 다른 사람들과 구별되는 차이점이 없는, 개성이 없는 사람이라는 뜻입니다. 그저그런 인생을 사는 원인은 문유가 추구했던 중간자의 삶이 만들어낸 결과라고 볼 수 있습니다.

문유가 추구하는 중간자의 삶은 꿈과 도전, 희망과 목표가 없는 상태라고 말할 수 있습니다. 꿈과 도전, 희망과 목표는 스스로 가치와 의미를 발견하고 그것을 실천하기 위한 다양한 선택을 통해 만들어집니다. 즉 의미와 가치를 발견하지 못한 삶은 꿈과 희망이 없는 삶이라고 볼 수 있습니다. 많은 사람이 인류를 구한다는 명목으로 '달 거주지 프로젝트'에 지원했지만 문유는 여기에 관심이 없었어요. 인류의 미래를 책임지는 일은 중간자의 삶과 무관하니까요. 하지만 문유는 자신이 선택하지 않았지만 여러 번의 우연이 겹치면서 지구를 떠나 달로 향합니다. 그저 그런 지구의 삶은 달에서도 반복됩니다. 문유는 존재감 없는 그런 그런 존재라서 선택권이 없는 삶을 살게 되고, 지구에서도 달에서도 낙오되어 달에 혼자 남겨지게 됩니다.

그래도 달은 돈다, 문유를 중심으로

달 기지는 100명의 연구원이 1년을 살 수 있는 식량과 공기, 우주복 등 물질적으로 매우 풍요로운 환경을 갖추고 있습니다. 문유는 지구의 멸망을 목격하고, 세상에 혼자 남겨졌다는 사실을 알고 난 후 자살을 시도합니다. 자살을 시도할수록 더 똑똑해지고 건강해지는 아이러니를 보여주긴 하지만, 문유는 자신이 살아가야 할 이유를 찾지 못해 계속 자살을 시도합니다.

우리는 왜 삶을 이어가는 걸까요? 인간이 생존하려는 이유를 찾기 위해서는 '나'에 대한 이해가 선행되어야 합니다. '나'는 오롯한 나의 개성으로 개별적인 '나'의 존재를 증명합니다. 또한 우리는 엄마 아빠의 딸 혹은 아들이고, 한국에 사는 중고등학생이자 홍길동의 친구 등 타자에 의해 증명되는 존재이기도 합니다. 개성을 가진 개별적인 존재인 '나'와 타자와 관계를 맺은 사회적인 '나'가 조화를 이루고 자신이 맡은 역할을 알고 의무를 다할 때 나의 존재를 이해하고 삶의 의미를 찾는 자아정체성을 형성하게 됩니다. 내 삶의 주인이 되는 것, 나에게 주어진 선택을 스스로 결정할 권리가 있는 자주적인 삶, 우리는 이것을 주체적인 삶이라고 하는데요, 이는 자아정체성을 토대로 만들어집니다.

지구에서의 문유가 개성적인 나의 의미를 발견하지 못한 존재였다면, 달에서의 문유는 나를 구성하는 한 축인 타자가 없는 상황이기 때문에 삶의 의미를 찾지 못합니다. 우리가 인지하는 빨간색은 다른 색과의 비교에서 인식됩니다. 이처럼 우리 존재의 한 측면은 타자에 의해서 인식되고 의미가 만들어지죠. 즉 문유가 달에서 자살을 반복하는 이유는 타자가 사라진 곳에서 나의 존재를, 삶의 목적을 잃어버렸기 때문이라고 볼 수 있습니다.

다행히 식용 동물로 데려간 캥콩과 달에 잠입했던 암살자가 나타나면서 문유는 차츰 해야 할 일을 찾기 시작합니다. 캥콩과 암살자에게 먹이를 주고 쫓고 쫓기면서 자연스럽게 자신의 쓸모를 발견하려고 합니다. 보통 왕의 이름 뒤에 재위 기간을 붙이는데요, 이는 그 시대가 그 왕을 중심으로 유지된다는 것을 보여줍니다. 문유는 자신의 쓸모를 찾아가면서 문유력이라는 달력을 만듭니다. 이때 문유력은 문유가 그저 그런 중간자의 삶에서 벗어나 삶의 주인이 되었다는 것을 상징합니다.

현대사회는 물질이 풍요로운 세상이지만 자살률은 점점 높아져갑니다. 세계 인구는 이례적으로 폭증하고 통신 기술의 발달로 공간을 뛰어넘는 소통이 가능해진 시대지만 달에 혼자 남겨진 문유처럼 세상과 단절된 채 살아가는 사람이 늘고 있습니다. 그렇게 문유처럼 세상에 혼자 남겨졌다고 생각할 때, 인간은 자기의 존재를 잃어버리고 삶의 의미도 찾지 못하게 됩니다. 삶의 의미를 찾기 위해서는 '개성을 가진 나'와 '주변과 관계를 맺는 나'가 조화를 이루어야 합니다.

타자와의 소통에서 만들어진 희망

달 방패 계획으로 지구와 운석의 충돌을 막을 수 있었지만 운석의 파편이 떨어지는 걸 막을 수는 없었어요. 지구에 작은 운석의 파편이 떨어지면서 모든 문명이 파괴되었고 인간은 더 이상 안락한 삶을 누릴 수 없게 되었습니다. 사람들은 혼란에 빠졌지만 차츰 안정을 되찾고 지구를 복원하기 위해 노력합니다. 지구를 뒤덮은 먼지가 사라지자 텔레비전이 달에서 지구로 보낸 전파를 수신하면서 문유의 모습이 실시간으로 방송됩니다. 사람들이 문유의 일상을 실시간으로 시청하게 되면서 중간자의 삶을 원했던 문유는 세계인의 앞에 우뚝 선 존재가 됩니다.

사람들은 텔레비전에 나오는 문유를 보면서 달에서 살아남은 생존자 또는 달에 남겨진 낙오자로 생각합니다. 문유를 낙오자로 생각하는 사람들은 척박한 환경에 남겨진 문유를 보면서 희망을 얻습니다. 또 어떤 사람들은 물질이 풍요로운 달을 유토피아로, 그곳에 있는 문유를 생존자로 생각하면서 문유를 추종하게 됩니다. 문유가 캥콩을 보면서 삶의 의미를 찾았듯이 지구의 생존자들 또한 인간성을 잃지 않고 열심히 살아가는 문유의 모습을 지켜보면서 힘과 용기를 얻습니다. 절망에 빠져 있거나 삶을 포기하려고 했던 사람들이 삶을 다시 개척해나갑니다.

한편 달 기지는 1년 동안 지낼 계획으로 건설되었기 때문에 점점 부식되어갔어요. 문유는 자신이 달에 있었다는 것을 증명할 유서를 준비하고 죽음을 맞이할 장소도 생각합니다. 그러고는 '내가 여기 있었던 걸 알아줬음 좋겠네'라고 생각합니다.

지구에서 문유를 지켜보는 휴 제임스도 언젠가는 문유의 죽음을 지켜봐야 한다는 걸 알았어요. 그래서 지구에 사람들이 생존해 있고, 그 사람들이 문유를 응원하고 있다는 메시지를 남깁니다. 이를 위해 전 세계인의 집 조명을 활용해 문유라는 글자를 지구에 새깁니다.

달 기지에 남겨진 암살자가 우주의 환경으로 인해 결국 죽게됩니다. 문유는 암살자의 시신을 달에 묻어줍니다. 그리고 죽기 위해 미리 생각해둔 장소로 다가가 헬멧을 벗으려는 순간, 문유는 달에서 지구에서 보낸 응원과 희망의 메시지를 지켜봅니다. 지구에서 보낸 메시지를 본 문유는 심장이 터질 것 같은 기분을 느끼고 '난 뭘 어떻게 해야 하지? 지구의 부름을 받았지만 어떡하지? 뭐 하지? 나에겐 대답할 기술이 없었다.'라고 자신의 쓸모에 대한 생각을 하게 되었어요.

지구 사람들이 건넨 희망의 메시지는 문유에게 지구를 지키고 귀환하겠다는 목표를 세우게 했어요. 그리고 그 목표를 향해 나아가면서 자신의 쓸모를 찾게 됩니다. 지구를 위협하는 새로운 운석을 없애기 위해서는 달 기지에 있는 로켓을 작동시켜야 하는데 이를 위해서는 전문적인 지식이 필요합니다. 문유는 1년 동안 꾸준히 공부해 로켓을 발사시켜 지구를 지키는 데 성공하고 지구로 돌아올 탈출용 로켓도 만듭니다. 중간자적인 삶을 추구했던 문유의 모습은 이제 찾아볼 수 없습니다.

죽음을 통해 찾은 쓸모로운 달빵 생활

문유는 죽음에 대해 생각하고 준비하는 과정에서 자살하기 위한 끈이 아닌 삶의 끈을 만듭니다. 그 끈의 시작은 캥콩과 암살자의 관계에서, 지구에 생존한 사람들과의 소통에서 위태롭게 만들어진 것입니다. 그리고 위태로운 끈은 자신의 쓸모를 발견하고, 그 쓸모를 다하기 위해 노력하면서 점점 단단해집니다.

문유가 탈출용 로봇을 타고 안전하게 지구에 도착하려면 최대한 무게를 줄여야 하니까 캥콩을 달에 남겨두고 떠나야 합니다. 문유는 캥콩을 향해 '원래 식용으로 가져왔다'고 말하면서 스스로를 다독이지만 죄책감이 덜어지지 않습니다. 문유는 결국 캥콩을 지구에 보내고 달에 남는 선택을 합니다.

인간이 동물을, 자연을, 우주를 도구로 생각하는 것은 인간중심주의적인 관점에서 비롯된 것입니다. 인간중심주의적 관점은 이제는 같은 인간까지도 도구로 만드는데요, 여기에서 인간 소외가 발생합니다. 그 자체의 가치를 잃고 도구로 전락한 인간은 그저 그런 문유처럼 자기 삶에서 주체가 되지 못합니다. 문유는 이러한 인간중심적 관점에서 만들어진 현대사회 프로젝트의 희생자이자 피해자입니다.

문유는 달에 혼자 남겨진 걸 알았을 때 자살을 생각합니다. 그러나 세상에 혼자 남겨진 것이 아니라는 사실을 알게 되었을 때 자살을 멈추었고 지구 사람들로부터 희망의 메시지를 받게 되면서 그저 그런 중간자의 삶에서 벗어납니다. 그러면서 문유의 생활은 혼자 남겨진 감옥 생활이 아닌 함께하는 달 생활로 바뀌게 됩니다. 여기에서 캥콩과 암살자라는 타인은 혼자 갇힌 문유에게 도구가 아닌 본래적 가치를 가진 대상으로 남게 됩니다. 이들을 통해 문유는 인간의 이익과 상관없이 그 자체로 소중하다고 생각하는 생태주의적 관점을 갖게 됩니다.

문유는 결국 죽습니다. 17년 후 지구의 기술이 복원되고 다시 달 탐사를 시작합니다. 그리고 달 탐사대원은 문유가 남겨놓은 흔적을 발견합니다.

안녕하세요. 문유입니다.

언젠가는 분명 달을 찾아오시겠죠?

이건 제 마지막 일기입니다.

몸이 낫길 바랐지만 아무래도 어려울 것 같아 뭔가 남겨야 할 것도 같고….

나중에 제가 어떻게 알려진지는 모르겠지만 점점 늘어나는 지구의 불빛을 보며 지구를 지켰다는 뿌듯함이 지금까지 절 살게 해줬습니다.[2]

문유에게 지구는 소중한 가치를 가진 대상이 되었습니다. 문유는 지구를 지키기 위해 달에 남는 것을 인간다운 선택이라고 생각합니다. 생존을 위해 그저 그런 중간자의 삶을 추구했던 문유가 타자라는 소중한 존재를 발견하고, 이를 지키기 위해 인간다운 선택을 하면서 세상의 중심에 서게 됩니다.

인간다운 선택은 캥콩에게 사과를 한 문유처럼 도덕적 성찰을 하고 생태학적인 관점으로 세상을 바라보며, 지금의 내가 아닌 가치 있는 일을 선택하는 것이라고 생각할 수 있습니다.

우리는 〈문유〉를 통해 인간다움이 무엇인가에 대해 생각해 볼 수 있습니다. 인간답게 살기 위해서는 '나'를 중심으로 한 주변인과의 관계를 형성하면서 삶의 소중함을 이어줄 끈을 발견하고 이를 지키기 위해 노력해야 합니다. 우리 주변의 모든 존재를 도구

---

2   조석, 『문유 4』, 위즈덤하우스, 2017, 283~284쪽.

로 여기는 것이 아니라 그 자체로 가치 있는 존재로 생각하는 생태주의적 관점으로 사고를 전환해야 합니다. 그래야 우리는 희망이 있는 내일을 기약할 수 있게 됩니다.

☑
생각 펼치기

1 문유는 항상 중간의 삶을 살아가야 한다고 생각했습니다. 그리고 자신을 그저 그런 인생이라고 말합니다. 중간의 삶과 그저 그런 인생은 어떤 뜻일까요?

2 문유는 왜 중간의 삶을 추구했을까요?

3 문유는 지구로 돌아갈 생각을 하면서 캥콩을 데려갈 수 없다는 사실을 알게 됩니다. 탈출용 로켓을 혼자 타면 캥콩이 혼자 달에 남겨지게 되는 상황에서 문유는 캥콩을 탈출용 로켓에 태워서 보내고 혼자 달에 남기로 결심합니다. 문유는 왜 자신이 지구를 가거나 캥콩과 함께 달에 남지 않고 캥콩을 지구로 보냈을까요?

4 동물학자 문유는 달에서 콩 재배에 성공해 생물학자가 이루기도 어려운 업적을 남깁니다. 문유는 왜 콩을 키웠을까요?

생각 날기

1 문유가 달에 혼자 남겨진 이후 자신이 죽을 곳을 정하고 자신의
묘비명을 남깁니다.
여러분은 자신이 죽은 후 어디에 남겨지고 싶고 어떤 말을 남기
고 싶으신가요? 장소와 묘비명을 작성해봅시다.

	문유	나
장소	달에서 지구가 가장 잘 보이는 곳	
묘비명	중간에서 살다가 그럴 줄 알았다	

마무리 : 주제 논술

　극심한 가뭄으로 농민이 고통을 겪었던 시기에 300톤 이상의 식수를 뿌리면서 공연하는 싸이 '흠뻑쇼'가 적절하지 않다는 여론이 형성되었습니다. 농사지을 물이 없어 농작물 피해가 극심한 이때 물을 흥청망청 쓰는 콘서트가 열리는 것은 가뭄으로 인한 농민의 고통에 공감이 부족한 행동이라는 것입니다. 이러한 비판은 싸이 '흠뻑쇼' 관객들의 즐길 권리를 제한하는 것이고, 공연을 위해 사용하는 물은 정당한 절차에 걸쳐 구매한 물이기 때문에 아무런 문제가 없다는 입장과 대립하고 있습니다. 다음 제시문을 읽고 이 문제에 대하여 자신의 입장을 밝히는 글을 써봅시다.

물질주의적 소비 생활
　물질주의적 소비 생활은 물질적 만족을 최고의 가치로 여기는 소비 생활을 말한다. 이는 지구의 한정된 자원을 고갈시킨다. 또한, 물질주의적 소비 생활은 지구 생태계의 자정 능력을 위협한다.

환경친화적 소비 생활
　환경을 보전하려는 가치관에 따라 생태계의 지속 가능성을 고려하며 소비하는 생활 방식을 '환경친화적 소비 생활'이라고 한다. 환경친화적 소비 생활은 인

간과 자연이 조화를 이룸으로써, 현 세대뿐만 아니라 미래 세대의 행복한 삶을
보장하는 긍정적인 결과를 가져올 수 있다.

윤리적 소비

윤리적인 가치판단에 따라 상품이나 서비스를 구매하고 사용하는 것을 뜻한
다. 즉 소비 행위가 타인과 사회는 물론 생태계 전체에 어떤 결과를 가져올지를
고려하여 바람직한 방향으로 소비를 실천하는 것이다. 윤리적 소비는 가격을 소
비의 유일한 판단 기준으로 삼지 않으며, 소비자의 이익을 넘어 노동자의 인권이
나 환경문제 등을 적극적으로 고려하고, 원료의 재배 및 제품의 생산과 유통에
이르는 전 과정이 윤리적인지에 대해 관심을 가진다.

자유주의적 정의관

자유주의에서는 정의를 개인의 자유와 연관 지어 바라본다. 자유주의는 개인
의 자유를 무엇보다 소중한 가치로 보는 사상으로, 개인이 공동체의 전통이나
가치로부터 독립적이고 자율적인 존재임을 강조한다. 자유주의에서는 타인의 자
유를 침해하지 않는 한에서 개인의 자유와 권리를 최대한 보장하여 개인선^{3}을
실현하는 것이 정의롭다고 본다. 즉 개인은 어떤 삶이 좋은 삶인지를 스스로 결
정할 수 있으므로, 공동체는 공동체에 속한 개인에게 특정한 가치를 강요해서는
안 된다.

공동체주의적 정의관

공동체주의는 인간의 삶에서 공동체가 가지는 의미를 중시하는 사상으로, 개
인이 공동체의 영향을 받으며 소속감과 정체성을 형성해나가는 존재임을 강조한
다. 공동체주의에서는 개인이 속한 공동체의 공동선^{4}을 실현하는 것이 정의롭다
고 본다. 즉 공동체는 공동체 속의 개인이 사회적 유대감과 책임감, 배려와 사랑
등의 공동체적 가치를 함양하고 공동체가 공유하는 좋은 삶의 모습으로 추구하
도록 장려해야 한다.

---

3 개인의 행복 추구나 자아실현 등 사적으로 누릴 수 있는 이익을 말한다.

4 특정 개인에게만 유익한 것이 아니라 공동체 구성원 모두에게 유익한 것,
   즉 공공의 이익을 말한다.